MÉSONCELLES-EN-BRIE

(Dépendance de l'Abbaye de Saint-Denis)

—

Abeilard et Héloïse

PAR

Le Comte GABRIEL DU CHAFFAULT

Membre de la Société archéologique de Nantes et de la Loire-Inférieure

PARIS

LIBRAIRIE PHILOSOPHIQUE, LITTÉRAIRE ET SCIENTIFIQUE

CHAMUEL, ÉDITEUR

29, Rue de Trévise, 29

—

1894

MESONCELLES - EN - BRIE

MESONCELLES-EN-BRIE

(Dépendance de l'Abbaye de Saint-Denis)

—

Abeilard et Héloïse

PAR

LE COMTE GABRIEL DU CHAFFAULT

Membre de la Société archéologique de Nantes et de la Loire-Inférieure

PARIS

LIBRAIRIE PHILOSOPHIQUE, LITTÉRAIRE ET SCIENTIFIQUE

CHAMUEL, ÉDITEUR

29, Rue de Trévise, 29

—

1894

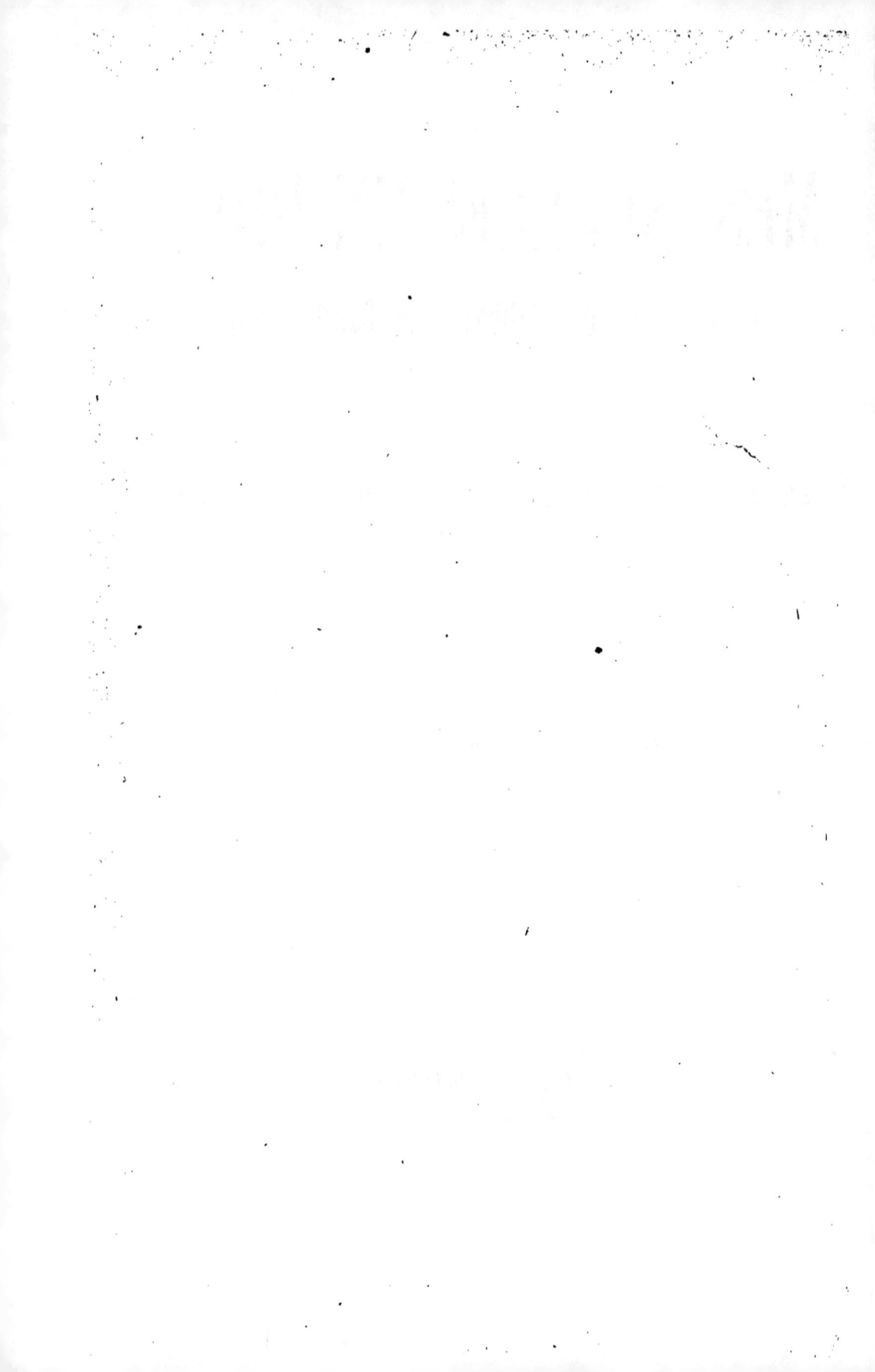

A PIERRE DE LA GIRENNERIE (1)

Officier de Cavalerie, mort au Soudan

—

Ami,

Le 30 octobre 1891, t'en allant d'Évreux au Soudan, tu as tenu à t'arrêter devant mon banc de Cour d'assises, pour répondre de moi.

Ton serment devant les juges fut aussi fier que ta mort devant l'ennemi.

Je te dédie ce livre commencé pendant l'année où j'ai porté ton deuil.

Si jamais nous nous retrouvons, tu verras que j'ai pensé à toi.

G. C.

---

(1) Fils du général de la Girenneric, commandant la division de cavalerie, à Alger.

INTRODUCTION

J'ai écrit ce livre pour le plaisir, fidèle à la vérité, fidèle à mes idées de liberté, à mes sentiments de croyant et de chercheur, toujours avec ceux qui pensent, qui espèrent et qui travaillent.

Voici ce qui m'a amené à l'écrire :

Il y a déjà plusieurs années, un matin d'automne, je quittais Mesoncelles, au milieu des feuilles qui tombaient, pour me rendre à Paris, en Cour d'assises.

Il me fallait y être avant midi.

Le président et mon avocat m'avaient dit : surtout, soyez exact.

Mon acquittement était certain, de l'avis de tous, et je devais reprendre le train de 5 heures.

J'avais tout de même le cœur brisé, et ma mère, qui m'avait fait, comme quand j'étais enfant, une petite croix sur le front, en m'embrassant, m'a dit depuis qu'elle m'avait vu de grosses larmes dans les yeux.

En croisant, sur la route, l'antique église bénédictine, j'y entrai, j'y regardai le Christ, le vieil ami de ceux qui souffrent, et il me sembla que je ne devais rien craindre.

Dès onze heures, j'arrivai dans la grande salle où on décide de la vie et de la mort, et, ce qui est plus terrible, des existences.

La première figure, qui frappe ma vue, c'est celle de ce même Christ du village de là-bas, de celui qui paya pour les autres.

Toute la journée, entouré des jurés inquiets, des juges en rouge et des hommes de loi en noir, je ne vis que lui.

Est-ce ce qui a fait que je n'ai guère pensé à me défendre, ni à seconder le dévouement et le cœur de mon illustre défenseur, peut-être ?...

Personne n'avait rien compri à mon affaire, moi le premier. Mais, le soir, je descendais à la Conciergerie.

J'étais condamné, comme corrupteur de fonctionnaire, pour avoir
été trop bon, pour avoir donné 500 fr. à un pauvre employé de
mairie, chargé de cinq enfants, qui ne croyait pas mal faire en les
acceptant, pas plus que je croyais mal faire, moi, en les lui donnant.

On avouera bien qu'il est facile de donner 500 fr. à un homme,
sans qu'on le sache.

Et, encore, ces 500 fr., je les avais portés, par pure complaisance,
de la part d'un de mes amis, Fischer (de Chevriers), comte du
Pape, ancien gendre du duc de Persigny, gros bourgeois, fort
riche, qui voulait remercier l'employé qui avait fait, comme il le
désirait et comme le désirait son nouvel entourage, ses publica-
tions de mariage avec Mlle Lucie de Montferrier.

Or, un employé de mairie est fonctionnaire, à Paris, je me suis
donc trouvé être un corrupteur de fonctionnaire.

En province, un employé de mairie n'étant pas fonctionnaire,
je n'aurais pas été coupable.

Dans mon cas, ce qui était répréhensible à Paris, ne l'était pas
ailleurs. Fischer se déchargea sur moi et se fit acquitter; la loi, du
reste, ne reconnaît guère que celui qui donne et celui qui reçoit.

Les jurés crurent à une amende de 16 fr , dirent oui à la question d'usage, et le président dût m'appliquer la loi.

Il m'appliqua le minimum. Mais qu'on demande aux jurés ce
qu'ils feraient aujourd'hui, qu'ils connaissent l'affaire.

On avait beau me tendre les mains de toutes parts, et me dire
que ma condamnation ne portait atteinte ni à l'honneur, ni à la
probité, qu'elle était de celles qu'on raconte; un ancien ministre de la Justice et le plus vieux des maréchaux de France
avaient beau me répéter qu'il valait mieux être condamné à trois
mois de prison pour avoir donné, qu'à cent sous d'amende pour
avoir pris, quand je me vis seul, dans ma cellule de deux mètres car-
rés, froide, humide, sans jour, à la porte de fer, épaisse comme un
mur, quand le gardien me fit passer, par le guichet, un morceau
de pain et une cruche d'eau, quand le bandit, qui sert de domestique aux geoliers, m'eût demandé, en me voyant déposer au greffe
ma montre, ma bague, mes boutons d'or et mon portefeuille avec

quelques billets de banque, si je n'avais eu que « ça de mon coup », je voulais mourir.

J'écrivis une première lettre au frère de ma mère, le colonel d'artillerie qui sauva Versailles (1), pendant la guerre, à la tête de ses batteries, dont le nom est synonyme d'honneur et de bravoure, et qui m'avait assisté comme son enfant ; une seconde, à une parente, la duchesse X..., alors puissante, en lui rappelant qu'à la même place, cent ans auparavant, mon grand-père, le général comte Gabriel du Chaffault, avait sauvé le sien ; et une troisième au directeur de la prison.

La première et la troisième furent remises, la seconde gardée.

Le lendemain, de bonne heure, le gardien vint me dire de le suivre. Je lui demandai où il me conduisait. « Chez le directeur, « me répondit-il, et vous savez, je vous plains, il ne fait appeler « que quand c'est du malheur. La ronde de nuit a déclaré qu'à trois « heures du matin, vous aviez de la lumière. C'est grave. »

En montant l'escalier de la Tour Marie-Antoinette, où était le bureau du directeur, je me demandais ce qui allait encore m'arriver.

M. X... était un tout nouveau directeur, ancien préfet, je crois, et dont le cœur n'était pas endurci aux misères humaines.

Derrière une table, droit, pâle, ma lettre devant lui, la voix étouffée, la voix de ceux qui souffrent de voir souffrir, il donna ordre au gardien de se retirer, puis s'avança, me prit la main et chercha à calmer ma douleur.

Il me parlait de courage et d'espérance, quand, se tournant brusquement pour ne pas laisser apercevoir que mes larmes faisaient venir les siennes, il alla regarder à la fenêtre qui donne sur le quai. La pensée seule, continua-t-il, de votre conscience en paix, doit vous soutenir.

Voyons, donnez-moi quelques détails sur ce procès que je ne comprends pas plus que les autres.

Je les lui donnai.

(1) Histoire du général Ducrot.

Je ne puis, me dit-il à la fin, pourtant pas vous traiter en criminel, vous, coupable seulement d'inconséquences absurdes, et qui,
en somme, n'ont fait de tort à personne. Et il me donna ses conseils.

Avant de me faire reconduire, il prit un livre, au hasard, parmi
ceux qu'il avait dans un coin de la pièce, et me le tendit, en me
recommandant de m'occuper l'esprit.

Ce livre, je le reçus, comme le malheureux reçoit l'aumône, avec
une bonne parole. C'était un fragment d'histoire des moines bénédictins, et j'y lus le nom de Mesoncelles.

Le mien était fait.

S'il peut vous intéresser, vous être utile, habitants de Mesoncelles et Briards, ce sera ma récompense.

                                        G. C.

MESONCELLES - EN - BRIE

Si chaque commune écrivait son histoire, l'Histoire de la France serait complète.

Les communes ne sont-elles pas autant de petits vaisseaux, au sang pur et fort, qui alimentent le cœur de l'être aimé, qu'on nomme la Patrie!

Mesoncelles-en-Brie ne vient pas, comme on pourrait le croire, de *Domunculæ*, pas plus que sa voisine, la Haute-Maison, ne vient de *alta domus*, et encore moins de *Domi cellæ*, pour *domini cellæ*, cellules du Seigneur. D'après F. Pascal, il serait composé de *Mesis*, par corruption de *Messis*, et de *cellæ*, habitations des moissonneurs.

Mesoncelles-en-Brie tire son nom de *Meduntum*, qui s'est transformé en *Mesuntum* et *Mesontum*, le Mançois, le pays du Méans.

Partant de cette dérivation, les moines de l'abbaye de Saint-Denis ont écrit en latin *Mesuncellæ*, « celles » ou habitations du Meson.

De *Mesuncellæ*, on a fait Mesoncelles, puis, irrégulièrement, Maisoncelles, comme on a fait, irrégulièrement, du Haut-Meson, la Haute-Maison.

Écrire Mesoncelles « Maisoncelles », avec *ai,* est une aussi grosse faute que d'écrire le chêne de la forêt comme chaîne de montre.

Pierre-Levée, le Haut-Méson et Mesoncelles, étaient les parties habitées de la forêt du Méans, Maant ou Mahant, qui devient, après dix siècles, Mans.

Quand un prieuré ou une abbaye possédait au loin des fermes, il y envoyait, pour les faire valoir, sous la direction d'un doyen, des moines, que le vulgaire profane confond trop souvent avec des curés.

Ces fermes, vraies colonies religieuses, s'administraient elles-mêmes, et prenaient le nom de *Celles.* Certaines devinrent mêmes plus importantes que leur maison-mère.

De là, souvent des dissentiments parfois graves entre le doyen, le prieur ou l'abbé.

Les principales abbayes de France furent les abbayes de Cluny, de Cîteaux, de Prémontré, du Mont Saint-Michel ; puis, près Paris, de Montmartre, de Port-Royal, de Saint-Victor, de Saint-Germain-des-Prés, de Sainte-Geneviève, de Chelles, de Saint-Antoine, de Saint-Denis.

Toutes les fois donc que nous rencontrons un pays portant le nom de Celles, ou encore le nom de Moustiers, qui vient de *Monasterium,* monastère, nous sommes sûrs qu'il a appartenu à des communautés religieuses. Mesoncelles, la Celle-sur-Morin, la Celle-Saint-Cloud, Courcelles, etc., le Moustiers, Marmoustiers, Faremoutiers (monastère de Saint-Fare), Gire-moutiers (*Giroudi-Monasterio,* etc.), en sont la preuve.

Mesoncelles était une dépendance de l'abbaye de Saint-Denis, et, comme c'est là son principal titre, il est nécessaire de rappeler ce qu'était l'abbaye de Saint-Denis.

ABBAYE DE SAINT-DENIS

Notes générales.

L'abbaye de Saint-Denis était la plus éclairée, la plus riche, la plus puissante des abbayes du monde entier. Elle fut le foyer le plus illustre du travail, de la discipline et de la science, et se montra toujours grande, charitable, généreuse et brave au combat, où ses Abbés et ses moines descendirent plus d'une fois.

On la trouve mêlée à toutes nos gloires, qu'elle embellit, à toutes nos défaites, qu'elle adoucit, à tous les drames du trône et de la France, que souvent elle dénoue.

Elle n'avait, en France, aucuns contrôleurs, elle ne relevait que du Pape.

Le roi devait compter avec l'abbaye de Saint-Denis, qui était bien un Etat dans l'Etat, et qui pouvait presque aller de Coulommiers à Versailles sans passer sur autrui.

Elle était si riche, qu'un de ses Abbés, Suger, proposa de continuer la seconde Croisade, seul, à ses frais.

Les souverains de France comblèrent l'abbaye de Saint-Denis, qui était, du reste, près du soleil.

D'abord, elle recevait une somme considérable chaque fois que le roi, la reine ou un membre de la famille royale mourait, pour l'entretien et la garde du tombeau.

Tous les rois de France furent inhumés à Saint-Denis,

excepté l'original Louis XI, qui ne fit rien comme les autres.
Il se fit enterrer dans le sanctuaire de Notre-Dame-de-Cléry,
près d'Orléans.

Avant la Révolution, un Bénédictin affirme qu'il y avait plus
de trois cents princes et princesses ensevelis dans la basilique,
sans compter Duguesclin, Louis de Sancerre et Turenne.

C'est bien devant ce cimetière de rois qu'on peut s'écrier,
avec Bossuet : « Dieu seul est grand, mes frères ! »

La fortune de l'abbaye, commencée par Dagobert, aidée par
Charlemagne, le plus grand politique du monde chrétien, qui
favorisa la paix et le travail dans la vie rurale, s'accrut toujours, grâce aux innombrables dons et legs des particuliers et
aux entreprises et travaux des moines, qui, quand ils n'étaient
pas des cultivateurs émérites, étaient des artistes, des savants,
des génies.

Ce sont les moines de Saint-Denis qui défrichèrent presque
entièrement la Brie, que Louis XIV appela le grenier de la
France. Ce sont eux qui, les premiers, introduisirent la vigne
dans l'Ile-de-France.

L'abbaye de Saint-Denis entretenait tous les corps de métiers. Elle avait les frères meuniers, boulangers, brasseurs,
fruitiers, corroyeurs, fouleurs, tisserands, cordonniers, char-
pentiers, maçons, maréchaux, menuisiers, verriers, avec un
contre-maître pour chaque groupe, et à la tête de ces groupes,
un moine directeur, chargé de distribuer et régler le travail.

Elle avait des maîtres en broderies d'or, argent, pierreries
et émaux, comme les Yvon Tingaire ou les Guillaume-le-
Sourd ; des argentiers-orfèvres, comme les Gouyssinier ou les
Jehan de Nanterre ; des verriers, comme les Saint-Albans ou
les Nicolas Raublot. Des lathomiers, architectes, maîtres de la

grande-œuvre ou de la basse-œuvre, comme les Eudes de
Montreuil, les Robert de Luzarches, les Simon-le-Savant
(de Meaux), les Jehan Lorrain, Etienne Penet, et cent autres.
Des ouvrageurs en fer, comme Jehan de la Courtille, Pierre
Denis...; des ymaigiers et sculpteurs, comme Jehan Malot,
Jehan de Noyon...; des peintres, avec Reymond de Vri-
gnac, du Rousme, frère Henri...; des mathématiciens,
horlogers, organistes, avec Garault, dom Robert, Bedos de
Celles...; des musiciens, à la voix superbe, avec les
frères Guillaume, Jehan Chartier, le frère du Troubadour,
Alain Chartier, Pierre Pinchonnat...; des calligraphes dessinateurs, avec les moines Beringar, Guillaume du Bois, de
Bacquemoulin..., qui augmentèrent les richesses d'une bibliothèque unique, remplie de manuscrits aux brillantes enlu-
minures, écrits en caractères d'or et d'argent sur champ
de pourpre, bleu, violet ou d'azur, comme le psautier de
la reine Hildegarde, les cinq volumes d'histoires de Charles-le-
Chauve, les deux exemplaires qu'Innocent III exigeait annuellement de la main même des écrivains de Saint-Denis, en
retour de la Bulle de confirmation de ses privilèges à l'Abbé
Suger; « de traités magnifiques, aux marges couvertes d'en-
roulements, d'exquises figurines ou de fleurs qui ne se sont
épanouies, avec ce goût et cet éclat, que sous le ciel voilé des
cloîtres » (1); de livres, enfin, de toutes sortes, merveilles de
reliures, dont quelques spécimens, sauvés et recueillis dans nos
musées, font le ravissement des connaisseurs, la gloire de
l'art.

Elle avait des bibliothécaires, des archivistes, des érudits,

(1) Félicie d'Ayzac.

comme Jacques de Coignée, dom Jehan Gobelin, qui fit l'instruction catholique d'Henri IV, dom Breton, dom Bataillon, dom Lhotte, dom Paradis, dom Brial, dom Claude Rousseau, surnommé « le Père des pauvres ».

Tous veillèrent sur ses nombreuses thèses, dissertations théologiques ou de droit canon, chroniques, légendiers, traductions, qui répandirent sa réputation littéraire dans l'Europe entière et qui prouvent que la science était la compagne assidue du Bénédictin.

C'est elle qui nous fournit nos premiers historiens, avec les Aimon, Helgrand, Suger, Bigord, Guillaume de Nangis, dont les Chroniques devinrent les bulletins officiels du royaume.

Au premier rang de ses grands hommes, elle compte Abeilard.

Les moines seuls, alors, savaient, pouvaient enseigner.

Ce que nous avons retenu du passé, c'est à eux que nous le devons, et c'est ce qui fit dire à un grand esprit, mais égoïste et grincheux : « Ont-ils eu tort, ces moines, d'avoir montré ce qu'ils savaient ; ils ont livré les armes qui devaient les tuer. » Tout ce qui est sorti de leurs mains, travail de Bénédictin, est digne d'admiration. On n'a rien inventé, on n'a fait qu'oublier.

Je n'hésite pas à maudire le clergé dans une grosse poignée de pages de son histoire, et à mépriser, avec Drumont, la lâcheté de beaucoup de ses chefs d'aujourd'hui, à la remorque d'une société pourrie, évêques indifférents ou insuffisants, à l'esprit étroit et vaniteux, inquiets et craintifs, dédaignant l'humble desservant à la soutane usée, fuyant le pauvre, pour ne rechercher que le riche ou le puissant. Je sais qu'il y a eu, qu'il y a et qu'il y aura toujours de mauvais prêtres ; mais je ne puis m'empêcher de me découvrir bien bas devant ces moines, fils de seigneurs ou enfants du peuple, qui ne quittent leur monastère, asile de repos, de lumière et de charité, que pour prendre la charrue, le ciseau ou le compas, ou courir le monde, partout enseignant du livre, de la plume et de la parole, sans salaire, sans rétribution aucune, simplement pour l'amour du travail et de la marche en avant.

Quelle foi ! quelle force !

Qu'on le veuille ou qu'on ne le veuille pas, soldats de ce Christ qui, le premier, parla de liberté, d'égalité, de fraternité, de république, ils firent la France.

Seulement, nous avons dénaturé l'œuvre. Nous avons bien fait une République, mais une République qui n'en a que le nom.

Les préceptes de Jésus, du premier républicain : « Ne fais pas aux autres ce que tu ne voudrais pas qui te fût fait, et fais-leur ce que tu voudrais qu'on te fît à toi-même », sont restés en blanc dans la Constitution.

La Révolution, faite pour le peuple par la noblesse, qui, elle, avait fait au moins quelque chose, avait fait même grand, ne profita qu'à la bourgeoisie, et la bourgeoisie n'a rien fait pour le peuple qu'elle tient sous son talon.

Le peuple a changé de maître, voilà tout, et son maître du jour est bien le plus dur de tous les tyrans qu'il a pu jamais connaître, c'est l'argent.

Notes historiques.

L'abbaye de Saint-Denis remonte à l'an 275.

Elle fut fondée à l'emplacement où fut enterré Denis, pre-

2.

mier évêque de Paris, et ses compagnons, Rustique et Eleu-
thère, décapités sous l'Empire romain, par ordre du préfet de
la Gaule lyonnaise, sur la montagne nommée depuis Montmartre, Mont des Martyrs.

Sainte Geneviève, en gardant son troupeau, venait souvent
prier sur ces restes saints.

La basilique, merveille d'architecture, bravant bientôt dix-
sept siècles, existe toujours. Dagobert fut son premier bienfaiteur et presque son fondateur, et le premier roi qui y fut
enterré.

A partir de Pépin, elle prit part aux délibérations politiques
du royaume.

Charles-le-Chauve, en 879, lui donna un clou qui avait servi
au crucifiement du Christ, et le Chapitre le fit représenter dans
ses armes.

A l'invasion des Normands, les moines de Saint-Denis firent
une héroïque résistance, et son abbé Louis fut fait prisonnier.
Hélas! ils ne purent empêcher l'ennemi de tout mettre à feu et
à sang.

Le roi Robert, qui se mêlait souvent aux religieux pour
chanter les psaumes et fuir sa seconde femme, Constance,
impérieuse et méchante, les aida à réparer tout le mal de la
guerre.

Voici Suger, son plus illustre abbé, surnommé « le Père de
la patrie », un des abbés de Saint-Denis qui ont fait le plus de
travaux à Saint-Denis.

Enfant, il connaît à l'école Louis-le-Gros, qui, plus tard, le
présente à la cour, et il devient le conseiller de Philippe Ier.
Nommé abbé de Saint-Denis en 1121, il est un des plus grands
politiques de son temps.

Mais bientôt l'abbaye devient une succursale de la Cour et voit défiler, sous ses voûtes austères, les femmes les plus élégantes, les chevaliers les plus en renom, les seigneurs les plus puissants, et les religieux suivent leur chef dans cette vie mondaine et toute de luxe.

Tout à coup, à la voix de saint Bernard, qui prêche la seconde Croisade, Suger quitte ces fêtes, revient et fait revenir ses religieux à la règle silencieuse du monastère, remet, en sa qualité d'abbé de Saint-Denis, à Louis VII, qui part pour la Terre-Sainte, l'oriflamme, la fameuse oriflamme de Saint-Denis, qui porte dans ses plis le plus vieux des cris de guerre : « Montjoie Saint-Denis! » et reçoit des mains royales la régence du royaume.

Cet abbé-régent, mais qui n'est pas prêtre, gouverne avec sagesse et fermeté, luttant avec énergie contre le haut clergé et les seigneurs qui veulent empiéter sur les prérogatives de la couronne. Il affranchit les communes et donne des libertés.

Malgré toutes les sommes considérables envoyées au Roi et à son armée, il trouve le moyen de faire prospérer les finances de l'Etat. Sommes-nous assez loin de ces temps-là !

On ne se figurerait pas bien aujourd'hui un Etat faisant la guerre et des économies.

Saint-Bernard qui faisait la police alors chez les rois comme dans les monastères avait commencé par voir d'un assez mauvais œil ce Suger. Il le tança même d'importance dans ses lettres, qui devenaient aussitôt des mandements d'Evêques, mais il déclara plus tard qu'il méritait tout son respect et son admiration.

Est-ce parce qu'il avait reconnu en Suger l'homme éminemment supérieur qu'il fut ? Sans doute. Est-ce aussi parce

qu'il avait besoin de lui, comme, dans ses démêlés avec Abeilard dont nous allons parler ? — Peut-être.

Mais les nouvelles de la Croisade arrivent mauvaises. C'est
bientôt la défaite en Orient, Suger ne se laisse pas abattre.
Il ne peut admettre que l'armée soit vaincue.

Il réunit tous ses ministres, et en dehors de l'Etat, il veut
continuer la lutte avec les seules ressources de l'abbaye, et
offre ses trésors au roi.

Hélas ! au moment où il levait ses troupes et en allait
prendre le commandement, il meurt subitement, en 1151.

Suger mort, le roi livré à lui-même ne fait plus que des
sottises. Il consent au divorce avec sa femme, la légendaire
Éléonore coquette, frivole, légère, et qui n'avait accepté de
suivre le roi en Orient que pour avoir des émotions de
voyage et de cœur.

Et le divorce, c'est la restitution de la dot — comme de
nos jours. — Et cette restitution, c'est une grande partie du
royaume qui retourne aux Anglais.

Suger qui pensait à la France s'était toujours opposé à ce
divorce, et le roi, bien inspiré, lui obéissait alors.

La mort du roi eut cent fois mieux valu que celle de
Suger... « Mieux vaut un mendiant qu'un roi inutile ! »

Sous Philippe-Auguste, ce sont les troupes créées et orga-
nisées par Suger qui viennent au secours de l'armée, et assu-
rent la victoire à Bouvines en 1214, Bouvines, le Sedan des
Allemands.

Ces troupes de réserve composées d'artisans, de patrons,
d'habitants de Paris et d'ailleurs, de moines, se battirent
comme des lions et montrèrent à la Chevalerie étonnée, si
vaillante et si glorieuse, cependant, qu'elle n'avait pas le
monopole de la bravoure et du courage

En 1870, ces troupes-là nous ont manqué.

L'abbaye de Saint-Denis, dans la lutte suprême de Bouvines avait sauvé la France.

C'est à Saint-Denis que Saint-Louis partant pour les croisades vient recevoir deux fois le Bourdon de pèlerin, et l'oriflamme qui va repasser les mers et flotter bientôt sur les murs de Damiette et de Tunis.

C'est à Saint-Denis que Saint-Louis, expirant sur la côte africaine, veut être enterré : « dans ce moutier (monastère), « dit Guillaume de Nangis où désormais seront réunis les « restes des roys et des reines. A droite la race de Charle- « magne, à gauche la race d'Hugues Capet. »

Et c'est Philippe-le-Hardi, roi et successeur de Saint-Louis, qui, aidé de ses chevaliers, porte lui-même sur ses épaules, du Louvre à Saint-Denis, le cercueil de son père, suivi de quatre autres cercueils, celui du roi de Navarre, celui de la reine Isabeau, sa femme, du comte de Nevers et de l' « enfançon » royal, tous morts pendant l'expédition.

Il se produisit alors, ce jour-là, un incident qui mérite d'être retenu.

L'abbaye de Saint-Denis qui avait toutes les franchises, ne reconnaissait au-dessus d'elle que le Souverain-Pontife et le roi, et tel était le haut rang de son Abbé, son premier moine, son chef, que les Evêques et Archevêques passaient après lui.

Or, le jour des obsèques de Saint-Louis, l'évêque de Paris et l'archevêque de Sens entrent à l'abbaye, vêtus de tous leurs ornements pontificaux, avec une suite imposante et nombreuse, en grande pompe.

Aussitôt l'Abbé respectueux et jaloux de ses droits, les fait sortir de l'église et en fait fermer les portes.

Le service funèbre ne continue que quand l'évêque de
Paris et l'archevêque de Sens se représentent en humbles
sujets de l'Abbé de Saint-Denis.

Le pape Boniface VIII, en 1302, fait appeler l'Abbé de
Saint-Denis, à Rome, pour qu'il donne son avis sur ses difficultés avec Philippe-le-Bel. L'Abbé réunit l'abbaye, prend
conseil de ses moines, parmi lesquels se trouvent les
hommes les plus remarquables, part et revient avec la paix.

Saint-Denis qui n'avait pas eu que des jours de bonheur et
de gloire, devait en traverser encore de bien cruels.

Charles VI qui était venu à Saint-Denis lever l'oriflamme
avant la bataille de Rosebecq, en 1382, n'était pas couché
sous les dalles de la Basilique à côté de son fidèle connétable
Du Guesclin dont l'épée avait si souvent taillé ou fait reculer
l'ennemi, que les voûtes de l'Abbaye entendaient ce cri terrible : « Vive Henri de Lancastre, roi d'Angleterre et de
France ». La France était sous le talon de l'étranger pour un
demi-siècle.

Il nous faut attendre Jeanne Darc pour nous sauver de
l'anarchie du royaume dont se joue l'étranger.

Après avoir délivré Orléans, elle conduit Charles VII à
Reims pour y être sacré roi de France, le 17 juillet 1429, et
le 6 août 1429 elle s'empare de Saint-Denis, rendant à la
royauté, dit l'érudit et courageux abbé Testory, « la Ville des
Tombeaux, après lui avoir donné la Ville des Sacres ».

Mais l'héroïne ne s'en tint pas là. Elle voulut encore rendre
un dernier honneur à l'abbaye de Saint-Denis : elle suspendit
de ses mains aux murs de la Basilique son bouclier et son
épée à la ceinture de bufle et aux annelets d'or.

« Les Rites » de Rome, après un vote unanime de douze

cardinaux, confirmé par Léon XIII, viennent de déclarer enfin Jeanne Darc sainte.

Ce n'est pas trop tôt.

Il était grand temps que notre chère Lorraine qui connut l'ingratitude de l'histoire, qui fut salie par la calomnie des Anglais et de certains évêques, et qui, ces derniers jours, dit Drumont, subit la Sorbonne et le talent de Sarah Bernhardt, prit chez nous le rang qui lui est dû. Si le 14 juillet est la fête de la République, la Jeanne Darc sera la fête de la France.

Saint-Denis suit le goût de la Renaissance. Ses architectes et ses artistes dirigent même le mouvement et embellissent tout ce qu'ils touchent.

Catherine de Médicis fait construire tout un monument circulaire d'une grande beauté avec bas côtés à deux étages pour la sépulture de son époux, et que le Régent sans scrupules, le duc d'Orléans, doit plus tard détruire pour en transporter dans son parc de Monceaux — le parc Monceaux — les colonnes de marbre, dit encore l'abbé Testory.

La paix qui permet le travail, protège les arts et enfante les chefs-d'œuvre ne dure jamais assez.

Voici venir les guerres religieuses qui ruinent et désolent la Patrie. Les protestants pénètrent à Saint-Denis, mettent le feu aux peintures et aux boiseries de la salle capitulaire et pillent une partie du trésor. Tout un côté de mur tombe. Sans le prince de Condé qui arrive à son secours l'abbaye n'était plus.

Pendant la Fronde elle eut à souffrir durement aussi : soupçonnée de pactiser avec les révolutionnaires, elle est envahie par les soldats du roi qui combattent du haut des tours. Et on raconte que le trésorier de la communauté, dom Claude

Sanguin, imitant Henri IV au siège de Paris, faisait passer la nuit, par-dessus les murs, avec une corde, des vivres aux insurgés.

Cet élan de générosité prouve bien que les communautés religieuses, tout respectueuses du passé qu'elles étaient, n'admettaient guère la domination.

Elles voulaient le progrès qu'elles avaient commencé.

Henri IV qui disait que Paris valait bien une messe, abjura le protestantisme solennellement à Saint-Denis le 25 juillet 1593. Il y a juste 300 ans.

Ce grand roi commença là son grand règne. Sous Louis XIV et Louis XV, Saint-Denis fut pris aussi du désir de bâtir.

En 1700, les moines détruisirent l'ancien gothique, ne conservant que la basilique et ses dépendances directes, et construisirent à la mode du temps, le Saint-Denis d'aujourd'hui, grand, beau, vaste, aux lignes grandioses, mais qui est plutôt un palais qu'un monastère.

Toutes leurs constructions, jusqu'à leurs fermes, vont se sentir du goût de l'époque. On dirait qu'ils ont toujours les yeux sur Versailles.

Temps de paix et de prospérité, le xviie et le xviiie siècle. Les moines y accomplissent les plus grandes choses dans la culture du sol, comme dans celle des esprits.

Ils font la grande Révolution dont ils vont être victimes. Leurs biens vont être confisqués et vendus comme biens nationaux, et la convention ordonne la destruction des tombes royales de Saint-Denis, 51 tombeaux furent démolis ou jetés à la rivière. Victor Hugo a dit :

. . . .

Le Tibre a des Césars, la Seine a des Bourbons.

. . . .

Vas voir au fond du fleuve, où tes jours sont finis,
Si quelque courant d'eau remonte à Saint-Denis.

. . . .

Les anarchistes de 1793, moins pardonnables que ceux de ce temps, se livrèrent à toutes les violations les plus odieuses.

S'attaquer aux vivants, soit, mais aux morts !

Le corps d'Henri IV fut trouvé en pleine rue, flairé par les chiens, les ossements de ceux qui avaient honoré la France, de ceux qui étaient morts pour elle, furent jetés pêle-mêle dans un immense trou, creusé dans une des cours de la Basilique, et le trésor le plus riche de l'univers fut pillé, non seulement par un peuple ivre, mais aussi par une bourgeoisie féroce, qui le vendit à l'étranger.

Ce n'est certes pas le plus beau côté du « fameux Bloc » de la Révolution.

Avec Bonaparte, Saint-Denis avait été converti en Hôpital militaire. On y soignait les blessés de nos armées toujours au feu.

Napoléon vint et pensant à ses braves qui n'avaient pour toute fortune que le ruban rouge gagné sur le champ de bataille leur dit :

« Vous tous qui répandez votre sang pour la patrie sans avoir le temps de penser au lendemain, confiez vos filles chéries, dont beaucoup n'ont plus de mère, à Saint-Denis. Elles y seront élevées aux frais de l'Etat, avec tous les soins, le cœur et le dévouement qu'on doit à mes compagnons d'armes, et rappelez-vous que l'Empereur ne cessera jamais de veiller sur elles. »

Le décret donnant l'abbaye de Saint-Denis à la Légion d'honneur est du 25 mars 1809.

Depuis, que de femmes remarquables, que de mères vaillantes a données Saint-Denis !

Dans le décret du 9 juin 1810, réglant les différentes cérémonies de l'année à l'Abbaye, il en est une bien touchante qui prouve que Napoléon pensait, même mortes, aux filles de ses soldats.

Au mois de mai de chaque année, le Clergé, la Surintendante, les pensionnaires, les dames, défileront devant les tombes des élèves et de leurs mères adoptives, en leur jetant des fleurs, pendant que les troupes leur présenteront les armes.

Louis XVIII fit réunir les ossements des rois dans un caveau particulier avec une plaque de marbre noir portant les noms de 113 rois, reines, princes ou princesses.

Napoléon III qui respectait tout ce que respecta son oncle, releva Saint-Denis. Il confia sa restauration à Violet-le-Duc, qui suivit les plans de ses prédécesseurs, Robert de Cotte, élève de Mansard, et Christophe Père, s'inspira très heureusement de trois religieux du monastère, artistes de premier ordre, Pierre Denis, Thomas le Begin, Pierre Raynier et refit le chef-d'œuvre que nous admirons.

ABBÉS DE SAINT-DENIS

—

Tous les abbés de Saint-Denis furent des hommes supérieurs. Les plus savants, les plus remarquables furent peut-être Fulrad, Magimaire, Fardulfe, Valton, Hilduin, Suger, Guillaume de Gap, Mathieu de Vendôme, Gilles de Pontoise, Guy de Monceaux. D'après Felicie d'Ayzac, voici la liste des principaux :

Aygulphe, sous Dagobert et Clovis, 626-647.

Fulrad, sous Charlemagne, 750-784, conseiller de l'Empereur.

Magimaire, 784-793.

Fardulphe, 793-806.

Valton, 806-814.

Hilduin, 814-842.

Charles-le Chauve, roi de France, 868-877.

Esbles, ni prêtre, ni moine, doué d'une force herculéenne, guerrier et chevaleresque, accomplit de nombreux et brillants faits d'armes, 887-892.

Robert Ier, comte de Paris, roi de France, 903-922.

Hugues Capet, 956-968.

Guillaume de Gap, 1071-1091.

Suger, régent du royaume de France, 1122-1152.

Eudes IV, sous Louis IX, agrandit la Basilique et abdique, 1228-1246.

Mathieu de Vendôme, régent du royaume, exécute de grands travaux, 1258-1286.

Renaud de Giffard exécute de grands et remarquables travaux, conseiller du roi, 1286-1304.

Gilles Ier, de Pontoise, construisit l'infirmerie, la chapelle, la librairie, le *scriptorium*, le mortuaire et d'autres grands travaux, 1304-1325.

Guy Ier, sous Philippe de Valois, augmente le Palais abbatial et abdique, 1326-1343.

Gauthier de Pontoise, conseiller et mandataire du Roi, 1351 à 1354.

Guy de Monceaux, fortifie l'abbaye, fait dresser le terrier et enrichit la bibliothèque d'un grand nombre de livres, 1363-1398.

Philippe Ier de Villette, fait rédiger le Livre Vert, 1398-1418.

Philippe II de Gamaches, conseiller de Louis XI, 1442-1464.

Jean II, Geoffroy, conseiller de Louis XI, évêque d'Arras, puis d'Alby, cardinal du titre de Saint-Sylvestre et de Saint-Martin-des-Monts, 1462-1474.

Jean III, de Villiers, évêque de Lombez, cardinal du titre de Sainte-Sabine sur l'Aventin, restaurateur de l'Abbaye, conseiller du Roi, 1474-1499.

Antoine de la Haye, fait construire la chapelle de Saint-Louis, 1499-1505.

. Eymard de Gouffier, établit et ramifie et fait encaisser les cours d'eau 1517-1529.

Louis II, cardinal de Bourbon, construit le Palais-Bourbon dans l'Abbaye, 1529-1557.

De 1567 à 1574, sous Charles IX, dévastation de l'Abbaye par les protestants.

Louis III, cardinal de Guise, 1574-1589.

Charles III, sous Henri IV, cardinal de Vendôme, puis de Bourbon, 1589-1594.

Louis IV de Lorraine, cardinal de Guise, sous Louis XIII, 1594-1622.

Henri III de Lorraine, sous Louis XIII, 1622-1633.

De 1633 à 1642, réforme de la Congrégation de Saint-Maure.

Armand de Bourbon, prince de Conty, sous Louis XIV, 1642-1654.

1662-1691, sous Louis XIV, Paul de Gondy, cardinal de Rez.

1691, suppression de la dignité abbatiale.

GRANDS-PRIEURS

Dom Charles Bouyer.

1696. Pierre-Arnould de Loo.

1702. Mathieu Gilbert.

1711. Dom Denis de Sainte-Marthe.

1714. Dom Robert, marchand.

1720. Dom F. Anseaume.

1726. Dom Pierre Richez.

1729. Dom Pierre du Biez.

1736. Dom Joseph Castel.

1741. Dom J. Avril.

1748. Dom Pierre Boucher.

1751. Dom J.-N. Chrestien.

1766. Dom J. Delrue, de mémoire méritante.

1766. Dom René Gillot.

1773. Dom P.-F. Boudier, l'amabilité, la bonté même.

1775. Dom de Malaret.

1778. Dom Bourdin.

1791. Dom de Verneuil.

En 1792, eut lieu la sécularisation de la Communauté, et en 1803, la cession de l'Abbaye à la Légion d'honneur.

Depuis les Abbés et les Grands-Prieurs, Grands-Chanceliers de la Légion d'honneur et Surintendants ont administré la maison Impériale de Saint-Denis : De Lacépède, baron de Pradt, archevêque de Malines ; le comte de Bruges ; maréchal Mac-Donald, duc de Tarente ; Maréchal Mortier, duc de Trevise ; maréchal comte Gerard ; maréchal Oudinot, duc de Reggio ; général baron Subervie ; maréchal comte Molitor ; maréchal Exelmans ; duc d'Ornano ; général Lebrun, duc de Plaisance ; maréchal Pélissier, duc de Malakoff ; amiral Hamelin ; général comte de Flahaut ; général Vinoy ; général Faidherbe ; général Février.

Mesdames la baronne du Bouzet, comtesse du Quengo, baronne de Bourgoing, baronne Daunery, baronne Daumesnil, Amirale Le Ray, Mᵐᵉ Rychebusch.

Près de trois mille moines sont enterrés dans l'Abbaye ; la règle voulait que les Religieux de Saint-Denis fussent enterrés à Saint-Denis.

On y trouve encore les tombes de : Jacques le Bossu, théologien renommé et vanté de 5 Souverains-Pontifes, grande lumière.

Hervé de Maupertuis, seigneur de Maupertuis, près de Mesoncelles, qui voulut être inhumé dans le même caveau que son ami Sydrach de Vérès, afin, disent les épitaphes, que la mort ne séparât pas ceux qu'avaient unis une même vie et une même affection (1515).

Menaut de Hydrecan, de Mesoncelles, allié aux nobles maisons de Mauregard, de Lours, de Mesoncelles, de Champigny, né au milieu des grandeurs. L'exemple du prieur de Mesoncelles le poussa à prendre l'habit monastique. Devenu profès, puis prévôt de la Garenne, c'est-à-dire grand-administrateur des forêts de l'Abbaye, il mourut en 1680.

Des Essarts, orateur d'une grande érudition, 1320.

Eustache de Neufville, un des plus beaux hommes de son temps et un des plus riches, jeune encore, il abandonne tout pour le cloître où il pourra penser qu'il n'est que poussière.

Pierre de Hangest, le modèle de toutes les vertus, 1502.

Isthier d'Asnières, grand-commandeur, administrateur remarquable, 1543.

Jean de Verdun, quart-prieur Claustral et Cenier, savant et orateur distingué, député au Concile de Trente, 1570.

Harmand de Clèves, grand-aumônier, 50 ans de travail et de vertu, 1584.

Etienne de Cotteblanche, vieux et noble nom, homme fin, spirituel, modeste, pieux et savant, grand-aumônier, 1587.

Godefroid de la Tour, l'un des Religieux les plus remarquables et dont parlent souvent les *Annales monastiques*, 1590.

Pierre de Veclu de Labour, de noble maison, très versé dans les langues grecque et latine, 1599.

Louis de Meaux, des comtes de Meaux, administrateur habile, modèle de dévouement, 1607.

Pierre Rochart, des présidents au Parlement de Paris, grand-commandeur.

Pierre Gestat, grand-aumônier, charitable, fit beaucoup pour les pauvres et pour l'agriculture, s'occupa particulièrement de Mesoncelles, 1609.

Pierre Dufour, des conseillers au Parlement, prévôt de la Garenne, chargé de la perception des cens, attaché à l'office des Charités, mort à la peine, 1613.

Jean Ezin, prévôt de La Garenne, prieur de Saint-Thibaud, quint-prieur Claustral, quarante ans dans les charges, doux, paternel et bon, 1612.

Pierre d'Allegrin, des seigneurs de Dian, grand trésorier, grands mérites et grandes vertus, 1622.

Anne de Goussencourt, fils d'un membre du Parlement, prieur de Saint-Gabriel en Vermandois, envoyé en Allemagne par son Abbé, pour faciliter les négociations diplomatiques. Pendant la disette de 3 ans, en 1649, nourrit un nombre considérable de pauvres, non seulement les inscrits à l'Abbaye, mais bien d'autres encore.

Nous relevons encore bien des noms illustres : Robert de Montmorency, Jean de Certonne, de Châteaufort, d'Allinville, de Berthaucourt, de Fachy, d'Otteville, de Mornay, de Bragelonne, de Sainclot, d'Herville, de Villiers, de Braquencourt, de Valles, de la Fontaine, de Basseny, de la Grippière, de Saint-Germain de Verest, de Noviant, de Vyon, de Berville.

ABEILARD ET HÉLOISE

La grande gloire de Mesoncelles fut un homme trop connu par ses malheurs, pas assez par sa science, Abeilard, le plus célèbre professeur du monde qui, pendant cinquante ans, traîna derrière lui tout un peuple avide de l'entendre.

Pierre Abeilard, du nom d'abeille, symbole du travail, naquit en Bretagne, dans la vallée de Clisson, près de Nantes, au château du Pallet dont son père, Bérenger, était seigneur.

Tout jeune, il haranguait déjà ses camarades.

Venu en France, pour y compléter ses études, il commença par se faire entendre sur la montagne Sainte-Geneviève, puis partout où le réclamaient ses disciples qui se multipliaient sous les arguments serrés de « sa voix d'or ».

Il avait enseigné à Melun, surpassant ses maîtres Guillaume (de Champeaux) (1) et le célèbre Roscelin, il avait enseigné à Paris tout rempli de son nom, à l'École de la Cité, à côté de Notre-Dame.

De Paris dont il était l'ornement et le flambeau, sa renommée s'était répandue dans l'Europe entière. Il était déclaré digne du Souverain pontificat (2).

---

(1) Champeaux, du nom d'un bourg de la Brie où il était né.
(2) Ab. op. ép. 1 p. 35

Au faîte de la grandeur intellectuelle, des honneurs, de la richesse, de la prospérité mondaine, il n'avait plus qu'à vivre en repos, s'estimant lui-même « le seul philosophe qu'il y eut sur terre », quand il fit la connaissance d'Héloïse, orpheline pauvre, nièce de Fulbert, chanoine de Notre-Dame, et parente, par sa mère, de la famille des Montmorency, dont un des membres, le sieur Bouchard, vassal rebelle de l'abbaye de Saint-Denis, venait de se faire connaître par ses actes de brigandages (1101). Condamné à Poissy, ce Bouchard dût faire amende honorable à l'Abbé qui commença ainsi l'illustration des sires de Montmorency.

Héloïse qui avait déjà étudié les lettres au couvent d'Argenteuil, suivit les cours d'Abeilard et comme elle était une excellente élève, Abeilard vint ensuite lui donner des leçons particulières chez son oncle, dont la maison était rue des Chantres.

Sur l'emplacement de cette maison on lit aujourd'hui encore cette inscription :

> Héloïse, Abeilard habitèrent ces lieux
> Des sincères amants, modèles précieux.
> L'an 1118.

Abeilard était beau, d'une beauté peu commune, Héloïse avait toutes les séductions. Si elle n'était pas complétement jolie, elle était pire.

Ils s'aimèrent du plus grand des amours.

Fulbert qui d'abord s'était prêté aveuglement à tout, fier du maître de sa nièce, entra bientôt dans une grande fureur, en voyant qu'Abeilard tout absorbé par sa passion, ne paraissait plus à ses cours.

3.

D'un autre côté, les écoliers réclamaient leur maître.

Abeilard éperdu, conduisit Héloïse en Bretagne, sa patrie, au Pallet. Il la confia à sa sœur et c'est là qu'elle mit au monde son fils, Pierre Astrolabe (1) (astre brillant), qui plus tard entra dans les ordres, à Nantes.

Abeilard, de retour à Paris, vint trouver Fulbert, lui fit comprendre que les plus grands hommes avaient succombé comme lui, le calma, lui parla de réparations, lui offrit d'épouser sa nièce, à la condition toutefois que ce mariage fut secret pour ne pas lui nuire.

L'oncle Fulbert consentit, et Abeilard alla reprendre en Bretagne Héloïse pour l'épouser.

Mais Héloïse ne tenait pas au mariage, elle comprenait qu'Abeilard en souffrirait toute sa vie, qu'il les humilierait, que le monde lui en voudrait à elle de lui enlever son génie, et elle assurait que les paroles de pardon de son oncle, qu'elle connaissait bien, cachaient quelque dessein sinistre.

Les deux amants malgré tout reviennent à Paris, et reçoivent la bénédiction nuptiale des mains mêmes de Fulbert.

A partir de ce moment, les deux époux ne se virent qu'en se cachant chez l'oncle Fulbert où était restée Héloïse. Abeilard habitait une maison voisine. Il fallait tenir, selon la promesse de tous, le mariage secret. Abeilard trouvant cette vie atroce, mit sa femme au couvent d'Argenteuil où elle avait été élevée. Là il la verrait à son aise.

Héloïse y prit le voile pour la forme, recevant de temps en temps son mari. Fulbert croit qu'Abeilard a enlevé sa nièce

_____

(1) Certains auteurs le font mourir en bas-âge.

pour se débarrasser d'elle, qu'il la trompe. Tous les soupçons lui passent par la tête.

Il donne libre cours à sa colère, ne pense qu'à sa vengeance. Une nuit, il pénètre avec ses cinq complices dans la chambre d'Abeilard endormi et trahi par son valet, et, dans son lit même, le tenant sans défense, lui fait subir le dernier des outrages, la mutilation dégradante et cruelle qu'on sait. *Tu ne pécheras plus !*

Paris fut consterné. Toute la ville et les écoles indignées crièrent vengeance. Les femmes qui, toutes l'admiraient et l'aimaient, pleuraient.

Deux des coupables et le valet furent condamnés à la peine du talion, c'est-à-dire à la même mutilation et eurent en plus les yeux crevés.

Fulbert disparut et se cacha. Il eut tous ses biens confisqués. Mais comme il était chanoine, ses collègues le protégèrent et il mourut, o honte ! toujours chanoine de Paris.

Abeilard, échappé à la mort, résolut de se retirer du monde et entra à l'abbaye de Saint-Denis.

Mais une activité pareille, un génie si exhubérant, se sentait mal à l'aise sous des murs aussi hauts, et, recevant les conseils de ses disciples, des princes de la science qui réclamaient ses lumières, il résolut de continuer ses leçons et ses travaux.

Il vint enseigner à Mesoncelles-en-Brie en 1120 (1). Il avait choisi Mesoncelles-en-Brie, parce que là il ne cessait pas d'être chez ses frères, les moines de Saint-Denis, parce que le territoire lui offrait une vaste surface et des ressources pour ses élèves, et aussi parce qu'il ne s'y trouverait pas éloigné du

(1) De Besce, Cousin, de Remusat, etc.

bienfaiteur de son ordre, le comte de Champagne et de Brie, celui qui rapporta la rose rouge des Croisades, la même que le comte d'Egmont cueillit à Provins et mit dans ses armes. D'Egmont était chef de la maison de Lancaster ; la maison d'York portait une rose blanche ; la rivalité de ces deux familles pour le trône d'Angleterre fut au xvᵉ siècle l'origine de la guerre des *Deux Roses* (1).

Ses auditeurs venus de tous les points de la France, de l'Angleterre, d'Allemagne, couchaient un peu partout, au château, chez les seigneurs, chez les habitants, dans les fermes, dans la plaine ou la forêt, dans les huttes de bois, de terre et de feuillage.

C'est à cette époque qu'Héloïse, apprenant qu'Abeilard est en Brie, quitte son couvent d'Argenteuil pour se vouer aux malades, mais en réalité pour aller retrouver l'homme aimé (2).

Sous le costume de la sœur de charité, elle traverse Paris, s'arrête dans la cité Notre-Dame, les yeux baignés de larmes, et couche dans un monastère de femmes près d'*Haubert-Villiers*.

Le lendemain elle repart demandant souvent sa route.

Elle n'était plus qu'à une heure de Lagny-le-Clou, appelé ainsi à cause du clou qui avait percé les chairs du Christ au crucifiement, et que la ville avait possédé avant Saint-Denis, quand, exténuée de fatigue elle s'assied au pied d'une croix, au tournant d'un chemin, au-delà de Chelles, et, nouvelle Magdeleine, y attend le jour. De Lagny elle arrive à Faremoutiers, où elle reçoit de l'Abbesse secours et hospitalité.

(1) Vareppe.
(2) Ab. op.

Faremoutiers c'était presque Mesoncelles. Elle avait monté son calvaire ; elle aurait pu revoir, le même jour, celui qui remplissait son cœur... et le monde.

Mais Héloïse est femme, elle veut bien retrouver Abeilard changé — son corps, du reste, lui importe peu, c'est son âme qu'elle aime — mais elle, elle ne veut pas se présenter à lui, les traits tirés, les membres meurtris. Elle attendra, se reposera, se reprendra ; elle ne perdra rien d'elle-même. Deux jours ne se sont pas écoulés qu'elle arrive le soir à Mesoncelles. Un escholier la guide jusqu'à la demeure d'Abeilard qui préparait sa leçon du lendemain.

Elle frappe et demande le maître.

A sa vue, Abeilard qui ne s'émeut pas devant des milliers d'auditeurs pâlit et chancèle. Tous deux restent muets, comme les grandes douleurs......

Que se passa-t-il dans cet instant suprême entre l'homme qui ne l'est plus, et la femme qui l'est tout entière ? — Dieu seul le sait !

A quel homme, dans la vie, au moins une fois, n'est-il pas arrivé de se voir tout à coup comme frappé d'impuissance devant la femme longtemps recherchée, longtemps désirée, et qui se donne enfin les bras grands ouverts ?

L'attente trop pénible, l'excès de passion. l'émotion, la crainte, ont envahi son esprit qui alors maîtrise la chair. Il hésite, la femme sourit. il est perdu ; il n'a qu'à se cacher la figure.

On sait que ces sortes de défaites n'arrivent qu'aux plus forts, aux plus vigoureux, ne sont souvent que les préludes des plus grandes conquêtes et que la femme intelligente n'en garde jamais qu'un souvenir de fierté, celui d'avoir assez inspiré pour dominer.

Il m'aimait trop pensera-t-elle !

Mais ce n'est là qu'un mauvais rêve, un jour sans lende-main, tandis que pour Abeilard et Héloïse, c'est l'éternelle réalité.

La légende rapporte qu'Abeilard entraîna Héloïse au-dehors, et qu'arrivés au bord de l'Etang, du *carré d'eau*, ils eurent l'idée de s'y jeter enlacés.

Cette idée ne pût que traverser des esprits et des cœurs aussi forts, aussi fervents et aussi chrétiens que les leurs : le lende-main Abellard écrivait ses leçons.

Combien de temps Héloïse resta-t-elle à Mesoncelles ? — Personne ne l'a dit.

Son séjour y fut de courte durée, puisque Argenteuil la revit bientôt. Mais ce qu'on peut assurer c'est que l'entrevue du plus célèbre des philosophes et de la plus illustre des femmes, eut sur la vie de l'un et de l'autre les plus grandes conséquences et que c'est à Héloïse que nous devons d'avoir aujourd'hui les ouvrages d'Abeilard, qu'il ne commença à écrire qu'à Mesoncelles.

A la souffrance et à la désillusion succédèrent les courageu-ses résolutions, les serments solennels.

Je laisse la plume à M. de Rémusat :

« Abeilard résista longtemps, il répugnait à revoir le grand jour. Cependant, amis, ennemis, écoliers religieux, l'Abbé lui - même insistait, et entrant, alors, dans cette vie de mobilité ot de tentatives changeantes, que son âme inquiète allait prolonger, il s'établit dans le prieuré de Mesoncelles-en-Brie, situé sur les terres du comte de Champagne, pour y rouvrir son école à la manière accoutumée (1120).

« Il retrouva, sur-le-champ, un auditoire attentif et nombreux. On parle de trois mille étudiants. La foule reparut, et, bientôt, ce lieu retiré ne suffit plus à l'abriter, ni à la nourrir. Ramené par le malheur aux plus sérieuses méditations, préoccupé des devoirs de sa profession, devenu par l'étude, et plus savant et plus subtil, il rendit son enseignement éminemment religieux.

« Sans abandonner ces sciences profanes, dont on lui demandait surtout les leçons, il en fit un appât, dont la saveur attirait les disciples à cette philosophie véritable, qui était, enfin, pour lui, celle de Jésus-Christ, imitant ainsi celui qu'il appelait le plus grand des philosophes chrétiens, Origène.

« La manière, en effet, dont saint Grégoire, le thaumaturge, nous dit qu'enseignait ce profond et singulier docteur, offre assez d'analogie avec la méthode d'Abeilard.

« C'est, du reste, celle de quiconque veut fonder la foi sur la raison. Point d'Arcane pour Origène, dit le thaumaturge, il expliquait tout.

« Le tour théologique qu'avait pris l'enseignement d'Abeilard ne fit qu'exciter davantage la curiosité, et le professeur obtint un succès qui rappelait le passé.

« Pour s'instruire à la fois dans la science séculière et sacrée, on se pressa dans son école, et la décadence des autres établissements recommença. Les maîtres se déchaînèrent de nouveau contre lui. On attaqua tout; et sa manière et son droit d'enseigner.

« On lui reprocha, mais non en face, d'être, contrairement aux devoirs monastiques, encore captivé par l'étude des livres profanes, et d'avoir usurpé cette fois, sans qu'un supérieur l'autorisât, la maîtrise en théologie.

« Son école était, en effet, une œuvre volontaire et privée, il n'était plus maître, et comme recteur de celle de Paris, il n'était plus théologal d'aucune Eglise.

« La publicité des écoles monastiques n'existait pas de droit, et, d'ailleurs, il enseignait hors de son couvent.

« On demandait donc son interdiction et l'on ne cessait de presser, dans ce sens, archevêques, évêques, abbés, et tout personnage revêtu de quelque titre ecclésiastique.

« On travaillait à soulever tout le clergé contre lui.

« Abeilard commença par braver l'orage; il s'était accoutumé à dédaigner ses ennemis.

« Sa supériorité avait jusqu'ici accablé tous ceux qu'elle avait irrités.

« N'ayant rien perdu de sa science éloquente, voyant son auditoire renouvelé, il pensait avoir gardé tout son ascendant, et il méconnaissait ce que le temps apporte de changement dans la situation des plus heureux, ce que le malheur enlève d'autorité au talent des plus habiles.

« Le respect et l'empressement de ses disciples lui faisaient illusion. Il ne savait pas qu'une puissance interrompue ne se retrouve guère, et que, depuis sa chute, une ombre funèbre avait été portée sur tout son avenir.

« Il arriva que, pressé par ses élèves, il entreprit de rédiger ses leçons théologiques. Son intention déclarée était d'affermir les fondements mêmes de la foi, et puisque le philosophe était maintenant un religieux, de rendre témoignage de sa profession en enseignant la philosophie religieuse.

« Or, la première vérité de la philosophie religieuse, c'est Dieu. Son ouvrage fut donc un traité sur la nature de Dieu, c'est-à-dire sur l'unité de la trinité divine.

C'est l'introduction à la théologie que nous avons encore.

« Démontrant, comme on dit, la foi par la raison, il veut répondre aux hérétiques et surtout aux incrédules, qui se piquent de philosophie, par un christianisme philosophique.

« De là cette thèse, persévéremment soutenue, que le dogme peut être présenté sous une forme rationnelle qu'il faut comprendre ce qu'on croit, qu'il n'y a point de mystère qui ne puisse être éclairci par des explications, ou du moins, par des similitudes choisies avec discernement, et que la dialectique, cette maîtresse de la raison, doit être conciliée avec les croyances chrétiennes, si l'on ne veut pas qu'elle les ébranle, en les mettant en contradiction avec ses propres lois. Une conséquence assez naturelle était de placer l'autorité des philosophes presqu'au rang de celle des saints ; de prétendre que la raison, révélation intérieure, avait conduit les premiers aux mêmes notions que les seconds sur la nature de Dieu et, notamment sur la Trinité ; que la vérité étant commune à tous, les sentiments qu'elle inspire avaient pu l'être, et qu'il ne fallait pas entièrement désespérer du salut des sages de l'antiquité.

« Or, cette foi de la raison, implicite et confuse dans Platon, plus développée, plus authentique, plus puissante chez les chrétiens, c'est le dogme de l'unité de Dieu, seul incréé, seul créateur, seul tout-puissant, bien suprême et perfection infinie. »

Mais, en Dieu, Abeilard distingue nettement la puissance, la sagesse et la bonté, et le Père, c'est la puissance, le Fils, verbe de Dieu, suprême intelligence, c'est l'éternelle raison, et le Saint Esprit, c'est la source divine de grâce, de charité et d'amour.

Alors on l'accusa de faire trois Dieux d'un seul Dieu.

C'est cet ouvrage qu'Abeilard écrivit à Mesoncelles et qui souleva contre lui, comme nous allons le voir, ses ennemis incapables et jaloux.

C'est cet ouvrage que le Concile de Soissons ordonna de brûler, en même temps qu'il condamnait Abeilard à la réclusion.

« Mais quoi, s'écrie Abeilard, n'était-ce pas toujours la fable si connue du renard dédaignant les raisins qu'il ne pouvait saisir ?

« Ainsi, quelques docteurs de ce temps, parce qu'ils ne sauraient atteindre à la dialectique, l'appellent une déception, ce qu'ils ne peuvent comprendre est sottise, ce qui les passe est un délire.

« Ils s'appuient, s'il faut les croire, sur les livres sacrés, mais que de saints docteurs la recommandent, cette science qu'ils insultent ! On peut leur montrer des citations des Pères, qui jugent la dialectique nécessaire pour comprendre, pour expliquer, pour défendre l'Ecriture. Saint Augustin, saint Jérôme même, lui donnent à résoudre les difficultés de la foi.

« Qu'est-ce que les hérétiques, sinon des sophistes, et comment confondrons-nous les sophistes, si ce n'est en nous montrant dialecticiens ?

« Si le Christ est si souvent appelé Sophia ou la Sagesse, s'il est le Logos ou le Verbe dont parlent et Platon et saint Jean, les amis de la sagesse ou les philosophes, les disciples du Verbe ou les logiciens ne sont que les chrétiens les plus fervents.

« Enfin, Notre-Seigneur lui-même, pour convaincre les Juifs, n'a pas dédaigné l'arme de la discussion. Il n'a pas toujours prouvé la foi par des miracles, lui aussi, il a recouru à la puissance de la raison ; et son divin exemple nous enseigne que nous, à qui manquent les miracles, à qui ne reste que la lutte de la parole, nous devons convaincre par elle ceux qui cherchent la sagesse, comme les Grecs au temps de saint Paul..

« Aussi bien pour les hommes qui savent juger, la raison a plus de force que les miracles, qu'on peut attribuer à quelque pouvoir infernal. Si l'erreur peut se glisser dans le raisonnement, c'est surtout quand on ignore l'art de l'argumentation.

« Il faut donc s'adonner à la logique qui pénètre tout de même les questions sacrées et qui confondra surtout les docteurs présomptueux qui se croient les mêmes droits qu'elle. »

Voilà ce que répondait Abeilard pour confondre ceux qui disaient qu'il avait écrit qu'il y avait trois Dieux, mais c'était en vain.

Lotulfe et Albéric, ce dernier archidiacre de Reims, Raoul, dit Le Vert, évêque de Châlons, Conan, évêque de Palestine, convoquèrent une assemblée ou Concile, à Soissons, ville qui avait déjà condamné, en 1092, Roscelin, le maître, devenu l'ennemi d'Abeilard, et qui condamnera plus tard Jeanne Darc.

Dans ce Concile, Raoul avait appelé des membres considérables de son clergé, entr'autres Geoffroy, évêque de Chartres.

Abeilard aurait pu dire que, moine de Saint-Denis, il ne relevait que de l'évêque de Paris ; mais comme il comptait réduire à l'évidence, par arguments serrés, précis et publics, ses adversaires, il ne réclama pas.

Il remit donc son livre à l'archevêque Raoul, en lui disant que s'il avait écrit une seule ligne de contraire à la foi catholique, il était prêt à la corriger.

Ses accusateurs, devenus ses juges, l'ouvrirent, le lurent en partie, déclarèrent qu'ils n'y trouvaient rien à reprendre, et renvoyèrent leur jugement à la fin du Concile.

Visiblement, on sentait l'injustice ; on n'osait pas le condamner, on espérait que le temps lui amènerait d'autres ennemis ; mais le peuple, les savants, une partie même du clergé étaient pour lui.

Le dernier jour du Concile étant arrivé, il fallut bien s'exécuter.

Geoffroy de Chartres, homme pieux, éclairé et juste, plaida pour l'accusé, rappela ses talents, sa gloire ; il proposa, devant l'abbé de Saint-Denis, l'illustre Adam, de le ramener à son abbaye, et que là, en présence des plus grands docteurs, on examinerait son cas.

Mais cette proposition fut repoussée. On craignait que la victime n'échappât à ses persécuteurs.

L'évêque de Chartres l'exhortait au courage et pleurait avec lui. « La pensée, dit Rémusat, a beau supprimer la force ; quand la force l'opprime en la faisant taire, c'est un martyre sans consolation. La consolation ou la vengeance de la pensée, c'est la parole. »

Ceux qui ont souffert l'injustice comprendront.

Enfin, on lit la sentence. Abeilard. jugé et condamné sans être entendu, dut jeter lui-même son livre au feu, et fut emmené en prison, près de Soissons, au couvent de Saint-Médard, où il subit la peine du fouet.

Jusqu'à présent, il n'avait jamais trouvé une résistance devant lui sans la vaincre.

Il est vrai que la haine, l'envie, qui dévoraient ses juges, lui avaient fermé la bouche.

Voilà comment au xɪɪᵉ siècle déjà on traitait les héros de la pensée.

Ceux d'aujourd'hui ont-ils parfois moins à endurer ?

Ce jugement fut l'objet de la réprobation générale.

Bientôt ses auteurs en eurent honte, et Abeilard fut ramené dans son couvent, à Saint-Denis. Là, il devint un frère fort incommode avec ses théories, jugées subversives. Après une discussion violente avec l'Abbé, il dut descendre au cachot.

Mais une nuit, il le quitta secrètement, aidé de certains religieux, qui s'étaient entendus avec ses disciples du dehors, gagna de nouveau Mesoncelles-en-Brie (1), s'y cacha, puis arriva jusqu'à Thibauld, comte de Champagne, qui le reçut avec empressement et le fit entrer au prieuré de Saint-Ayoul, à Provins.

Il faudrait des volumes pour suivre, pas à pas, Abeilard. Je tâcherai donc de ne dire que le nécessaire. Cependant, il me faut bien rappeler ce qu'il fut dans le pays qui s'honore de lui.

Abeilard fit appel à Louis-le-Gros, roi juste et libéral. Sa prière était portée à la Cour par Burchard, évêque de Meaux, et par deux hommes d'Etat éminents : Suger, l'Abbé de Saint-Denis, « le Père de la Patrie », et Etienne de Garlande. Ce roi rendit la liberté à celui qui, le premier, en avait jeté les bases en France, à la condition, toutefois, de n'appartenir jamais qu'à l'Abbaye de Saint-Denis, qui le revendiquait comme une de ses lumières.

Qu'on s'étonne maintenant de voir défiler à Saint-Denis tant d'hommes remarquables !

(1) De Besce.

Il se retira, pauvre, sur les bords de l'Ardusson, près de Troyes, dans la paroisse de Quincey. Il s'y fait un oratoire de chaume et de roseaux et veut y vivre en ermite. Mais, dès que sa retraite fut connue, des écoliers d'abord, une foule immense, ensuite, accoururent et réclamèrent ses leçons.

Des tentes, des murs de terre s'élevèrent comme par enchantement pour abriter ses disciples, qui couchaient par terre et se nourrissaient comme ils le pouvaient. La gloire revenait à lui. On lui apportait de partout des vivres, des matériaux pour construire, de l'argent même. Milon, seigneur de Nogent, Galo, son oncle, Adélaïde, son épouse, la comtesse Mathilde furent ses principaux bienfaiteurs. Le Paraclet était fondé.

Abeilard enseigna surtout la logique dans cette Académie scholastique, ne cessant de maintenir l'ordre et la vérité au milieu de ses élèves, venus de tous les pays de l'univers.

Hélas ! Abeilard ne devait pas rester plus de trois ans au Paraclet, de 1122 à 1125.

Deux hommes puissants se lèvent contre lui, Norbert, évêque de Magdebourg, fondateur de l'abbaye de Prémontré, et saint Bernard, qui, « de plus en plus enfoncé dans l'ombre et courbé vers la terre, dit encore Rémusat; avait le front pâle de ses moines amaigris ; mais il ouvrait un œil vigilant sur le monde, observait les prêtres, les docteurs, les évêques, les princes, les rois, l'héritier de saint Pierre lui-même, et, tantôt suppliant avec douleur, tantôt gourmandant avec force, il avait pour tous des prières, des menaces, des larmes et des châtiments, et faisait, sous la bure, la police des trônes et des sanctuaires. »

Abeilard, inquiet, menacé, prend peur, revoit déjà de nouveaux conciles, de nouveaux cachots, de nouvelles tortures. Il sait que pour lui la justice n'est qu'un mot.

En même temps, des religieux viennent lui proposer de prendre la direction de leur abbaye, l'abbaye de Saint-Gildas-de-Rhuys. Ils lui apportent l'autorisation de l'abbé de Saint-Denis et le désir du duc de Bretagne. Le malheureux, espérant le calme et le repos, accepte et part.

Il trouve dans ce monastère des moines sauvages, qui ne savent ni l'entendre, ni lui obéir ; une vie grossière et déréglée, le désordre, la violence. Il veut sévir. Nulle part, il n'est écouté. On lui tend mille pièges, on le menace. Découragé plus d'une fois, sur les rochers de Saint-Gildas, il exhale son chagrin et ses plaintes. Comme il regrette son Paraclet, ses élèves, ses amis !

Il écrivait les *Odæ Flebiles*, ses chants élégiaques, quand il apprit que le couvent d'Argenteuil était repris par l'abbaye de Saint-Denis et l'abbaye de Fotel, et que ses sœurs Agnès et Agathe et aussi Héloïse cherchaient un asile (1).

Il revient en Champagne, reprend le Paraclet, le donne aux religieuses d'Argenteuil, et Héloïse en est l'abbesse à 29 ans.

A cette époque, le pape Innocent II, poursuivi en Italie, allait en France chercher asile.

Il débarqua au port Saint-Gilles. Des moines, saint Bernard, le roi de France, Henri Ier, roi d'Angleterre, alors en Normandie, Pierre-le-Vénérable, vinrent au-devant de lui. Il traversa solennellement la Gaule.

Arrivé à Etampes, il séjourna au monastère de Morigni. Une grande cérémonie a lieu, et parmi les assistants illustres entre tous, se trouve « Pierre Abeilard, abbé de Saint-Gildas,

---

(1) Saint-Denis payait une rente de 80 livres à l'abbaye de Fotel pour recueillir les religieuses d'Argenteuil.

homme religieux et le plus éminent recteur des écoles où affluaient les hommes de lettres de presque toute la latinité (1) ».

Abeilard alors noua des relations directes avec le pape et obtint sa bénédiction pour le Paraclet, et un parchemin assurant à cet établissement de nombreux biens autour.

Il eut alors l'occasion de revoir Héloïse. Mais il repartit bientôt pour ce Saint-Gildas, où les moines, qui ne ressemblaient en rien à ceux de son ancienne abbaye de Saint-Denis, surtout par l'intelligence, tramaient sans cesse contre lui les plus noirs complots. Un jour qu'il était allé [chez le comte de Nantes, il s'arrêta chez un de ses frères, Procaire; pendant le repas on tenta de l'empoisonner. Ce fut le clerc qui l'accompagnait qui mourut. Une autre fois, en se sauvant des assassins, il fit une chute de cheval qui faillit lui briser la tête.

Dégoûté de son abbaye qui, cependant, lui donne une position élevée et la fortune, mais dont il ne peut arriver à vaincre les désordres et la perfidie, où ses moines menaçaient de l'égorger, il s'enfuit par un souterrain, et se retire au loin, sur les bords de la mer. Une maison amie le recueillit.

C'est de cette nouvelle retraite cachée qu'il écrivit la fameuse histoire de ses infortunes, *Historia calamitatum*.

Le cœur se serre à sa lecture : A chaque page le vrai chrétien paraît.

Il est beau de le voir montrer avec courage à ceux qui pleurent et se désespèrent le tableau de ses propres malheurs.

« L'homme doit se soutenir et ne pas s'abandonner à lui-

_____

(1) Pierre le Vénérable.

même. Connaissez tous mes malheurs, les vôtres vous paraîtront moins sensibles, lorsque vous les comparerez avec ceux qu'a souffert le plus tendre et le plus malheureux des hommes. Puisse le long enchaînement de mes maux, calmer les soucis de vos âmes et rendre à la mienne cette paix qu'elle ne peut trouver qu'après la destruction de ce misérable individu qui l'enserre...

Allons, faisons des efforts sur nous-mêmes. Profitons de nos malheurs; résignons-nous à la volonté d'un Dieu qui n'afflige que ceux qu'il aime. »

Il était encore en Bretagne quand Héloïse reçoit l'histoire de ses infortunes; Héloïse qui depuis si longtemps déploie, dans l'administration du Paraclet devenu prospère, la plus haute intelligence, la plus sévère austérité, la plus grande piété, l'exemple de toutes les vertus, imposant l'admiration à tous les monastères de France (1).

A partir de ce moment, Héloïse rompt le silence de tant d'années et répond à son époux sa première lettre, si pleine de grandeur et d'amour.

Qui l'a lue ne l'oubliera jamais.

« Je pleure au récit de tes peines, aux souvenirs du passé.

« Mais puisque tu écris avec ton cœur, pourquoi ne t'adresses-tu pas à moi? Pourquoi priver de tes exhortations et de tes conseils le Paraclet, qui t'aime et qui prie pour toi.

« Ne t'intéresses-tu plus à cette académie que tu as fondée? Ne lui donneras-tu plus ces directions qui lui sont si nécessaires?

« As-tu oublié les commencements si fragiles de la conversion des femmes qui se consacrent à Dieu?

(1) Saint-Bernard.

4.

« Ne te souviens-tu plus des doctes traités que les saints Pères ont composé pour elles ?

« Ton appui est pourtant une dette envers moi. Car, enfin, tu m'appartiens par un lien sacré, et le monde sait de quel amour je t'ai aimé.

« Je t'ai épousé pour t'obér, pour t'obéir, je me suis donnée à Dieu.

« Il fallait qu'en tout on vit que tu étais le maître unique de mon cœur, comme de ma personne, car c'est toi seul, en toi, que j'ai aimé. Être aimée de toi, c'était mon orgueil, et le nom de ta maîtresse, c'était ta gloire.

« Qui ne t'aurait pas aimé ? Quelle femme ou quelle reine ne brûlait pas à ta vue ? Mais aussi, comme tu avais ce qui eût séduit une femme ! Quel charme avait ta parole, et la douceur de tes chansons !

« Ces chansons qui volaient dans toutes les bouches, qui, par tous les pays, allaient célébrer notre amour, et dont la douce mélodie devait laisser un souvenir de nos noms dans la mémoire de la foule ignorante : c'était là ce qui excitait le plus la jalousie des autres femmes. De tous les dons du corps et de l'âme, aucun ne te manquait.

Quelle est celle des rivales d'Héloïse qui, en la voyant aujourd'hui, ne compatirait pas à son malheur ? Quel ennemi si cruel, homme ou femme, n'aurait pas pitié d'elle.

« J'ai été bien coupable... Non, tu le sais, toi, je suis innocente. Le crime n'est pas dans l'acte, mais dans le sentiment; la justice ne pèse pas ce qui a été fait, mais le cœur de celui qui l'a fait.

« Pourquoi ce silence et cet oubli ? Serait-ce vrai ce que le monde soupçonne ? Ne m'aurais-tu aimé que pour ton plaisir ?

« Donne-moi, par tes lettres, au moins ta chère et fugitive image.

« Souviens-toi que toute jeune encore, tu m'as enchaînée à la vie du cloître. Et je t'y ai précédée et non suivie, parce que tu l'as voulu, parce que tu te souvenais que la femme de Loth, en fuyant, avait détourné la tête.

« Si ce dévouement n'a rien mérité de toi, à quoi est-il bon? Tu eusses couru aux enfers, que, sur un ordre de toi, je t'y aurais suivi.

« Mon âme n'était pas avec moi, elle était avec toi, et maintenant encore, si elle n'est avec toi, elle n'est nulle part au monde.

« De grâce, écris-moi. Ces lettres me rendront la force dans mes devoirs au service divin.

« Autrefois, pour m'entraîner aux voluptés de la chair, tu me poursuivais de tes lettres et de tes vers, mettant dans la bouche de tous le nom d'Héloïse.

« Tu ferais mieux de m'appeler à Dieu, comme alors à ta passion ! »

Seconde lettre.

A Saint-Gildas, tu jettes en vain les perles de l'Evangile, et, au Paraclet, tu négliges des brebis innocentes qui te suivraient sur le haut des montagnes.....

Si je suis ici par raison, persuade-moi d'y demeurer par vertu.

. . . .

Les chaînes du mariage portent un attachement nécessaire qui ôte la gloire d'aimer et que je voulais me conserver...

Combien de fois t'ai-je dit qu'il m'était plus doux de vivre avec Abeilard, comme sa maîtresse, que d'être impératrice avec Auguste, et que je trouvais plus de douceur à t'obéir qu'à voir sous mes lois le maître du monde !

La véritable tendresse sépare de l'amant tout ce qui n'est pas lui ; elle ne cherche ni rang, ni fortune, et je suis persuadée que s'il y a une félicité à espérer ici-bas, ce n'est que par l'union de deux cœurs que la sympathie a joint et que le mérite et l'amour réciproque rendent heureux.....

Si j'avais été auprès de toi quand on t'a mis dans le triste état où tu es, je t'aurais défendu jusqu'à la mort. Mais ne parlons plus de ce crime ; il y a de l'éloquence à se taire quand le malheur ne peut s'exprimer.....

J'ai trop mal défendu mon cœur : tu l'as pris sans peine, ingrat ! Tu le rends de même ! Mais je n'y consens pas, et quoique je ne doive point avoir de volonté devant la tienne, j'ai pourtant conservé malgré moi celle d'être aimée de toi et de mourir en t'aimant.

Le jour où j'ai prononcé mes vœux, j'avais sur mon sein un billet de toi, dans lequel tu me jurais que tu serais toujours à moi. Ainsi j'ai offert ton cœur à Dieu avec le mien....

Mais, épouse de Dieu, je ne dois penser qu'à Dieu, et je ne parle que d'un homme. C'est que tout ce qui vient de lui a des charmes pour moi.

Dans mes prières, mon imagination se remplit de ce que la tendresse a de plus doux et je m'y abandonne.

Par pitié, aide-moi à me guérir de toi, si tu l'es de moi..... Comme mon amant, comme mon époux ou comme mon père, console-moi. Ces noms ne sauraient-ils plus t'émouvoir ? T'es-tu cru un meilleur maître pour le vice que pour la vertu?... .

Si j'avais aimé la volupté, lorsqu'on attenta sur toi, je

n'avais que vingt ans ; je pouvais donner du plaisir et en prendre, si j'en avais pu goûter un autre que celui de t'aimer.

Je renonçai avec joie au monde, aux richesses, aux honneurs, à tout, excepté à toi, laisse-moi quelque espérance de n'être pas oubliée.

Je te conjure, par les liens que je traîne ici, d'en venir relever le poids ; je le trouverai léger quand tu le soutiendras, et, puisque tu m'a mis dans le port de la grâce, n'est-il pas juste d'y venir t'y asseoir à mes côtés ?

Elevons nos esprits à Dieu, n'ayons de transports communs que pour sa gloire. J'attends tout de sa miséricorde : il a des droits particuliers sur le cœur des grands hommes quand il les touche, il les ravit.....

Troisième lettre.

C'est moi, malheureux, c'est moi qui t'ai perdu. Je suis l'origine de tes malheurs. Qu'il est dangereux à un grand homme de se laisser charmer par nous autres femmes.....

« Ecoute, mon fils, disait un sage, écoute : Si quelque beauté, par ses regards, cherche à te séduire, ne te laisse point entraîner à un penchant trop flatteur; rejette le poison qu'elle te présente et ne suis pas les sentiers qu'elle te montre. La mort est un mal moins dangereux que la beauté d'une femme. »

Samson, que ta gloire serait éclatante si ton cœur avait eu autant de force contre les charmes de Dalila qu'il en avait contre les armes des Philistins ! C'est pour plaire à une femme que Salomon perd le soin de plaire à Dieu ! Job n'eut pas de plus cruel ennemi que sa femme ! C'est Héloïse qui perd Abeilard !

Je voulais être aimée de toi, je ne cherchai qu'à te convaincre de ma tendresse. Je ne fis point un rempart d'une sévère fierté et d'une raison importune. Ces tyrans de nos plaisirs qui captivent notre sexe ne firent qu'une faible et inutile résistance. Je les fis céder au désir de rendre heureux le plus aimable et le plus savant de tous les hommes. Je sacrifiai tout à mon amour.

Quel est mon malheur! Je m'arrache à tout ce qui pouvait me plaire, je m'ensevelis toute vivante, j'exerce sur moi des jeûnes et des cruautés que les lois sévères m'imposent, je ne me nourris que de pleurs et d'inquiétudes, et cependant je ne mérite aucune récompense des maux que je souffre. Je ne cherche point la couronne que donne la victoire, je ne veux qu'éviter le péril...

Viens donc, Abeilard; qu'aurais-tu à craindre? Le danger d'aimer n'existe plus pour toi. La nature garde le silence, la religion seule t'anime. La flamme d'Héloïse n'a pas de prise sur toi, flamme toujours durable et toujours désespérée, semblable aux lampes sépulcrales qui communiquent à des urnes une chaleur inutile et qui ne brûlent que pour éclairer les morts! Ton image est toujours dans mon cœur entre le ciel et moi! Viens avant que la mort ne me prenne.

Une nuit que je gardais les lampes qui éclairent, dans notre temple, les tombeaux, une voix creuse sembla sortir du fond de l'un d'eux : « Approche, triste sœur, me dit-elle, approche, ta place est ici; approche pour y demeurer toujours. Je fus comme toi, autrefois, victime de l'amour; je tremblais, je versais des larmes, je priais comme toi. Je n'ai trouvé de calme que dans ce long sommeil. Ici les malheureux cessent de se plaindre, et les amants n'y répandent plus de pleurs. Dieu,

plus indulgent que les hommes, nous y pardonne nos fai-
blesses. » « Me voici, ai-je répondu à cette voix. Que les anges
me préparent leurs berceaux d'encens, leurs palmes d'or et
leurs fleurs toujours nouvelles. »

Abeilard, adoucis-moi le passage de ce monde aux demeures
célestes. Vois mes lèvres tremblantes, ferme mes yeux déjà
immobiles, et reçois mon dernier soupir avec mon âme qui
s'envole. Enseigne-moi et apprends en même temps de moi à
mourir.

Considère alors cette Héloïse que tu as tant aimée ! Ce ne
sera plus un crime de la regarder. Vois les roses de mon teint
se flétrir et la dernière étincelle de la vie disparaître dans mes
yeux, prends ma main et presse-la jusqu'à ce que, perdant
tout sentiment, je cesse de respirer et de t'aimer.

O mort, il n'appartient qu'à toi de prouver que c'est une
folle passion que celle qui a un peu de poussière pour objet.

Le temps viendra où ces traits qui ont eu tant de pouvoir
sur toi, Abeilard, seront détruits.

Alors, jette dans mon tombeau tout ce qui a appartenu,
tout ce qui a touché à ton Héloïse, et que ce même tombeau
nous réunisse un jour, rendant notre amour immortel comme
ta gloire !

Et toutes les fois que dans les siècles à venir, deux êtres
qui ont aimé viendront, par hasard, visiter les murs et les
sources du Paraclet, ils inclineront leurs têtes en les appro-
chant l'une de l'autre pour lire l'inscription de notre sépulcre,
et buvant mutuellement les larmes qui couleront de leurs
yeux, ils sauront, une fois de plus, que l'amour c'est la souffrance.

Et Abeilard lui répond : « Que nous sommes faibles,
Héloïse, quand nous ne nous appuyons pas sur la croix !

« Je suis bien plus coupable de brûler pour toi sous le sac et sous la cendre, consacré aux autels que je ne l'étais par les fautes qui m'ont attiré mes malheurs.

« Tu me dis, Héloïse, que tu ne vis que pour moi, en paraissant ne vivre que pour Dieu, et que tu n'as fait d'autres vœux que d'être à moi et de mourir en m'adorant.

« A quoi songes-tu d'irriter le maître terrible, le Dieu fort et jaloux qui appesantit sa main sur nous depuis si longtemps !

« Je fis deux cents lieues pour m'éloigner de toi, mais l'absence, les privations, l'étude, la prière, le silence, tout n'a servi qu'à me donner le plaisir d'être ton martyr....

« Je souffre toute la peine du vice et de la vertu, sans espoir d'être récompensé ni par l'un, ni par l'autre. Ne me traite donc plus de grand homme : je ne mérite pas cet éloge, ma faiblesse m'anéantit...

« Je te trouve toujours entre Dieu et moi. Quel obstacle pour aller à lui ! Cache-moi ta tendresse, laisse-moi oublier tout ce que tu souffres de mon absence, sois toi-même tout à Dieu : le calice des saints se boit d'abord avec amertume, mais la persévérance l'adoucit.....

« Tu me demandes pourquoi je te pressai de faire des vœux avant que de m'engager. Eh bien, quand Fulbert eut fait de moi un exemple aux téméraires amants, ma faiblesse me rendit jaloux.

« Je crus que ne trouvant en moi que des désirs, tu chercherais ailleurs à apaiser les tiens. L'amour croit ce qu'il craint ; j'aimais mieux te perdre que de te partager.

« J'éprouve depuis longtemps qu'on peut aimer sans jouissance, mais il n'est pas au pouvoir du cœur d'aimer longtemps sans être aimé, et je sens à la honte de ma passion que mes chaînes se fortifient des tiennes.....

« Je t'aurais disputé à un homme, mais il faut te céder à
Dieu, à qui tu appartiens. Tu as été la victime de mon amour,
deviens celle de la piété.

« Oui, en quelque lieu que je meure, j'ordonnerai que mon
corps soit porté au Paraclet, et ce sont des prières et non des
larmes dont j'aurai besoin alors.

« Pleure aujourd'hui pour éteindre nos feux, et si les tiens
ne l'étaient pas encore quand je mourrai, ma mort, peut-être
plus éloquente que moi, t'apprendra qu'une seule chose est
digne d'être aimée, que l'on peut aimer éternellement (1). »

Entre Héloïse et Abeilard vont s'engager désormais une
longue série de lettres mystiques et passionnées, savantes et
religieuses, que deux pareils êtres, seuls, aussi érudits et
lettrés, pouvaient écrire.

Elles sont un monument immortel dans la littérature. Des
mains profanes et impures les ont souvent dénaturées, mais
elles restent intactes pour les poètes, pour ceux qui ont dis-
séqué le cœur humain.

Pour l'abbesse du Paraclet et ses filles, l'abbé de Saint-
Gildas écrit des sermons. Il leur adresse des ouvrages entiers
pour leur instruction et leur perfection.

Il leur envoie un volume d'hymnes. Pour elles, il écrit son
Hexameron, ouvrage remarquable de théologie. Abeilard et
Héloïse ne cessent d'échanger entre eux de nombreux pro-
blèmes de théologie.

Abeilard semble désormais être en paix. Dévoué à l'étude,
à la prédication, à la direction du Paraclet, qui est flo-

(1) Extraits des *Chefs-d'œuvre Français et Etrangers.*

rissant, il retrouve l'amitié et l'appui des Garlande, du comte de Champagne, du duc de Bretagne, du roi de France. Les plus hauts dignitaires de l'Eglise sont ses disciples. Sa réputation, son autorité, son influence ont pénétré jusqu'à Rome.

Puis le Paraclet s'est élevé très haut, un peu grâce à lui, beaucoup grâce à Héloïse, qui garde l'admiration de tout son siècle.

Une fois religieuse, puis prieure, puis abbesse, elle édifia et et elle enorgueillit l'Eglise ; elle fut la lumière et l'ornement de son ordre.

C'est dans ce calme relatif qu'Abeilard paraît avoir composé le plus énorme de ses ouvrages, *la Dialectique*, traité sur les genres et les espèces, un autre sur les *Idées, de intellectibus*, un autre encore sur le pour et le contre des points de la science sacrée, intitulé *le Oui et le Non (Sic et Non)*.

Mais le plus important de ses écrits théologiques est celui qui fut brûlé à Soissons, celui qu'il écrivit à Mesoncelles-en-Brie : *L'Introduction à la théologie,* enfermée dans ces mots : « Connais-toi toi-même », *Scito te ipsum*.

Nous sommes en 1136, Abeilard, malgré ses 57 ans, est dévoré d'activité. Il rouvre, sur la montagne Sainte-Geneviève, son école de dialectique.

Même retentissement, même renommée, même gloire, mêmes haines sourdes qui ne tarderont pas à éclater.

Abeilard croyait qu'après vingt ans le mouvement intellectuel s'était étendu, que la liberté de penser, dont il était le novateur, avait pris de la force. Il expose ses mêmes doctrines.

« Ce qu'Abeilard a enseigné, dit Mme Guizot, de plus nouveau pour son temps, c'est la liberté, le droit de consulter et de n'écouter que la raison, et ce droit il l'a établi par ses exemples encore plus que par ses leçons... Il a mis dans les esprits cette impulsion qui se perpétue de générations en générations. C'est tout ce que demandait, tout ce que comportait son siècle. »

Non seulement son triomphe gênait ceux qui ne voulaient pas du progrès pour mieux dominer, mais il lui avait donné l'autorité et l'assurance. Le philosophe s'était érigé en censeur. Non seulement il s'était vengé des Norbert, des Raoul et autres, mais il s'était plaint de l'évêque de Paris, de ses chanoines, les amis de Fulbert, de l'abbé de Saint-Denis, du clergé en général. Souvent il s'était élevé contre l'ignorance, la brutalité des moines, contre les vices des couvents.

Intransigeant avec les lois de la morale, il avait dénoncé les évêques qui y avaient manqué. Il avait étalé au grand jour la ruse, la cupidité des uns et des autres.

Dans ses discours, comme partout ailleurs, il s'était attaqué même à saint Bernard. Malheur à lui donc le jour où ceux qu'il a blessés ou dévoilés pourront trouver un prétexte pour le faire passer en jugement.

Des agents provocateurs circulent d'abord et disent qu'Abeilard et ses fiers et insolents disciples jettent le trouble dans les consciences.

C'est ensuite Hugues Metel, chanoine de Saint-Léon de Toul, qui écrit au pape et lui dit, avec un jeu de mot, qu'«Abeilard aboie » contre le ciel et que c'est à lui à empêcher que les fidèles tombent dans ses filets.

Il traite d'hydre nouvelle le prieur du Paraclet.

C'est le moine Guillaume, de l'abbaye de Signi, qui s'indigne, et, dans l'intérêt de la foi, écrit à l'abbé de Clairvaux et à Geoffroi pour leur signaler les livres d'Abeilard qui emplissent le royaume et les provinces et qui même passent les mers. « Ils sont à Rome, et le pape ne dit rien. » C'est le plus terrible adversaire de la foi ; il lève et envahit tous les esprits. Il cite treize articles condamnables. Il parle du *Traité du Oui et du Non*, du connais-toi toi-même.

Geoffroy et Bernard répondirent froidement, mais demeurèrent inquiets.

Saint Bernard redoutait le combat avec Pierre Abeilard.

Cependant, saint Bernard fit demander Abeilard. Ces deux grands hommes semblèrent se comprendre, mais, le dos tourné, reprirent leurs positions.

Bientôt les mots de science et d'indépendance retentirent de tous côtés. Abeilard, fort de la vérité, se redresse hautain et jette le défi à ses ennemis.

Ses disciples, les Gilbert de Porrée, chancelier de l'église de Chartres, Pierre Bérenger, Arnauld de Besce, tous les esprits hardis revendiquent les droits de l'intelligence, serrent les rangs autour du maître. C'est la guerre, et saint Bernard commande l'armée ennemie. Il soulève le pape et ses cardinaux, le roi, ses obligés et ses alliés contre l'hérétique.

Abeilard, voulant en finir au plus vite, demande qu'on profite de la grande visite que doivent faire, le jour de l'octave de la Pentecôte, le roi, les plus grands dignitaires de l'Eglise, les seigneurs, aux reliques de Sens, ville religieuse par excellence, métropole de Paris et des Gaules septentrionales. Tout fut préparé pour ce jour-là.

Saint Bernard disait bien qu'il ne pouvait rien présumer ; mais s'il ne s'était pas préparé pour le débat, il avait tout disposé pour le jugement.

Il avait vu ou fait voir tous ceux qui allaient être appelés à former le concile improvisé, et il s'était assuré de la décision de tous.

Voici sur la place Saint-Etienne, devant la cathédrale de la ville de Sens, à l'intérieur pleine de couvents et de congrégations, et au dehors entourée de monastères, Thibault, comte de Champagne, bienfaiteur de l'Eglise ; Guillaume, comte de Nevers, plus tard Chartreux ; Louis VII, roi violent et dévot ; Henry, dit le Sanglier, archevêque de Sens, suspendu, il est vrai, par le pape, dans une question de mariage, mais sous la tutelle de saint Bernard ; Sauton des Prés, archevêque de Reims, successeur du fameux Raoul ; Geoffroy de Chartres, qui avait le pas sur tous comme légat du pape, le plus honnête ; Hugues, évêque d'Auxerre, parent de Saint-Bernard ; Hélias, évêque d'Orléans, et Atton, évêque de Troyes, déposés plus tard par le comte de Reims ; Manassès II, évêque de Meaux, peu connu ; Elvire, évêque d'Arras, un des plus prévenus, frère de Suger ; Geoffroy, Cou-de-Cerf, évêque de Châlons, ancien géôlier d'Abeilard à la prison de Saint-Médard ; et Joslen, évêque de Soissons, un rival personnel d'Abeilard ; puis des ecclésiastiques, des abbés, des prieurs, des doyens, des archidiacres.

Voici saint Bernard. Il est seul, triste, souffrant, les yeux baissés, couvert de la robe grossière de Clairvaux, mais avec l'auréole de sainteté.

Voici Abeilard qui, « malgré son grand âge et ses maux, porte encore avec fierté une tête belle, mais détruite. »

Partout où passait le saint abbé, on voyait les genoux fléchir, les fronts s'incliner « sous la bénédiction de la main qui faisait des miracles. »

Sur les pas d'Abeilard, c'était « la curiosité et l'effroi. »

Volontiers, ce peuple de sacristie l'aurait appelé Satan.

Le 2 juin 1140, la visite des Reliques eut lieu, et le Concile se réunit. « Cérémonie solennelle entre toute. Pompe royale, épiscopale et militaire. » Une cathédrale magnifique, une châsse d'or, la mitre et la couronne, le trône et le sceptre, la croix et l'épée, les vêtements de soie et d'or, les pontifes, les robes fleurdelisées, les dalmatiques blasonnées, les chants, les religieux, les armures étincelantes des chevaliers qui s'age-nouillent, et devant cet aréopage de grands de la terre, deux hommes : Un moine austère, charitable, populaire et saint, et un autre, regardant haut, savant orateur, dont le nom a retenti partout avec les amours et les malheurs et qu'on traite en impie.

Tout déjà est contre lui.

Abeilard s'arrête au milieu de l'assemblée et attend.

Saint Bernard gravit les marches de la chaire pour soutenir l'accusation.

Il tient à la main les dix-sept propositions extraites des livres incriminés et renfermant les erreurs contre la foi. Il ordonne de les lire.

Cette lecture était à peine commencée, qu'Abeilard, étendant le bras, s'écrie : « Arrêtez, je ne veux rien entendre, je ne reconnais pour juge que le souverain Pontife », et il sort.

Les prélats et les bonnes femmes répandirent le bruit qu'Abeilard était puni du ciel, avait été privé tout à coup de l'usage de la parole, qui avait fait tant de mal... Que sais-je ?

Non, mais Abeilard avait vu que si on lisait les articles atta-qués de ses livres, on ne les lui laisserait pas discuter, on ne le laisserait pas se défendre, ou qu'alors on dénaturerait ses réponses.

Il avait vu qu'il était jugé et condamné d'avance par des juges que de puissants intéressés avaient trompés ou mis avec eux, juges en butte à toutes les impressions, à toutes les influences, libres de nom, mais, de fait, prisonniers de supérieurs dont les conseils ou les avis étaient des ordres, juges que guidaient la peur d'en haut ou la recherche malsaine de la popularité d'en bas, juges qui ne rendaient pas « des arrêts » mais des « services ». Là seulement il s'était rappelé Soissons, là seulement il avait compris que ceux qu'il surpassait par son nom et son intelligence, qu'il avait écrasés par ses triomphes, ne lui pardonneraient pas.

Et depuis six siècles cette humaine justice est-elle plus juste !

Pour répondre, ne regardons pas autour de nous.

Et cependant, il y a des juges justes, comme il y a des prêtres saints. Et qu'y a-t-il au-dessus d'un juge juste, d'un prêtre saint ! Pour être bien jugé, il faut être inconnu de ses juges, et il faut que notre adversaire le soit également.

Quand on juge des inconnus, on n'a pas d'intérêt à vouloir satisfaire l'un ou l'autre.

Pour être bien jugé, il faudrait que votre nom fut remplacé par un simple numéro, et sans que ce nom pût être prononcé ou pressenti en aucune façon, comme dans les examens de Saint-Cyr, de Polytechnique et autres, où la composition de l'élève ne porte qu'un numéro correspondant à un nom que l'examinateur n'a pas à connaître. Et ce n'est pas facile, je m'empresse de l'avouer.

Mon grand-père, le vieux chevalier Billebault de Villeprevoire, président au bailliage de Sens, succédant à son père et à son grand-père, disait, la première fois qu'on lui passa sa perruque à marteau et son manteau : « Ce qui me tourmente, c'est que je connais tous mes justiciables et leurs trois généra- tions. »

Un conseiller à la Cour, digne de tous les respects, avouait dernièrement devant moi, que quand il avait à juger une affaire qui passionnait le public, qui faisait du bruit, il ne lisait jamais les journaux, de peur de se laisser influencer.

Le Concile de Sens délibéra.

Certains voulaient attendre le résultat de l'appel d'Aboilard à la cour de Rome. Mais presque tous craignaient que le pape ne fut pas de leur avis.

Ils rédigèrent un projet de condamnation qu'ils envoyèrent au pape avec une lettre particulière de saint Bernard, lettre d'une habileté merveilleuse, dans laquelle il paraît être navré d'être obligé de demander de sévir.

Saint Bernard écrit encore à différents cardinaux.

« J'ai l'espérance, dit-il au cardinal Gui de Castello, qu'il sait ami d'Abeilard, — j'ai l'espérance de ne pas vous voir aimer un homme au point d'aimer ses erreurs. Ce n'est pas moi qui accuse Abeilard auprès du Saint-Père, c'est son livre. Un homme qui ne voit rien en énigme, rien dans le miroir, mais qui regarde tout face à face.

« J'estimerais moins votre équité, Seigneur et Père chéri, si je vous priais longtemps dans la cause du Christ. Sachez-le seulement, parce qu'il vous est utile de le savoir, vous à qui Dieu a donné la puissance, il importe à l'Eglise, il importe à cet homme même qu'il lui soit imposé silence. »

L'abbé de Clairvaux écrit ensuite un ouvrage des plus bril- lants, réfutant la théorie d'Abeilard.

Abeilard, de son côté, attendait la réponse de ses lettres au pape et à ses ministres. Il comptait sur l'opinion de la France et sur l'amitié de Rome.

Il s'était aussi adressé à Héloïse, qui exerçait dans l'Eglise la plus grande autorité morale.

Il lui fait sa profession de foi de chrétien et de catholique correcte qui va être reproduite partout, et finit sa lettre par cette fière péroraison :

« C'est dans cette foi que je me repose, c'est d'elle que je tire la fermeté de mon espérance. Fort de cet appui salutaire, je ne crains pas les aboiements de Scylla, je ris du gouffre de Charybde. Je n'ai pas peur des chants mortels des sirènes.

« Si la tempête vient, elle ne me renverse pas, si les vents soufflent, ils ne m'agitent pas ; je suis fondé sur la pierre iné-branlable. »

La décision de Rome ne venait toujours pas. Abeilard pro-fite de ces retards pour réfuter ses adversaires dans un ouvrage digne de son talent. Et un de ses plus fervents disciples, Pierre Bérenger, fait son apologie, qu'il adresse au pape, longue et dure diatribe contre saint Bernard.

« Nous voilà donc au Concile de Sens, dit Pierre Bérenger, Abeilard marchait dans la voie du Christ, quand toi, Bernard, comme un sicaire aposté dans l'ombre, tu l'as dépouillé de la tunique sans couture. Tu disais au peuple de prier pour lui, et tu te disposais à le proscrire du monde chrétien.

« Est-ce ce plus pur encens de la prière que toi, l'homme de Dieu, tu fis alors brûler pour ton accusé ? C'est après dîner qu'on apporte le livre de Pierre. Il est lu au milieu des sen-teurs du vin fumant qui emplit les gosiers et excite encore les haines.

« Tout à coup, quand quelque passage subtil et divin frappe

5.

les oreilles étonnées, l'auditoire se dégrise, et ces juges, aux yeux de taupes, pour voir clair en philosophie, demandent la mort du monstre qui renverse le temple de Dieu. A force de vider les coupes, vos yeux se ferment, ô premiers philosophes du monde! Et quand vous entendez le mot : condamnons, appuyés sur vos coudes, étendus sur des coussins moelleux, ou les têtes penchées sur vos genoux, vous répétez, à moitié endormis : Nous condamnons..... amnons. Prêtres de Bacchus, vous frappez celui qui avait vieilli le jour et la nuit dans la loi du seigneur.

‹ C'est le malade qui traite le médecin.

‹ Les renards ont leurs terriers, les oiseaux du ciel ont leurs nids, mais Pierre n'a pas où reposer sa tête. Comme les pontifes et les pharisiens, vous vous êtes écriés : Cet homme parle merveilleusement, si nous le laissons aller, tout le monde croira en lui.

› Et vous avez dardé contre Abeilard vos langues de vipère. Ivres et ne vous tenant plus debout, vous voulez, en tombant, le renverser.

« Abeilard dit : Je suis un enfant de l'Eglise romaine, que le pape me juge, mais avant que le pape l'ait entendu, vous, vous lui avez fermé la bouche, vous avez condamné le temple de la raison et de la foi, l'asile de la Trinité.

« Bernard, ce n'est pas le désir de ramener Pierre à la pureté d'une foi intacte qui t'a fait agir, c'est celui de la vengeance personnelle.

« Souffre qu'Abeilard soit chrétien avec toi, et, si tu veux, il sera catholique avec toi, et si tu ne le veux pas, il sera catholique encore, car Dieu est à tous et n'appartient à personne » (1).

Enfin, la sentence, datée de Latran, 18ᵐᵉ jour des calendes d'août, arrive de Rome.

Pierre Abeilard et Arnauld de Bresce seront réduits au silence, enfermés dans des cellules de couvent, loin des fidèles, et leurs livres seront brûlés.

On voit que les termes de cette sentence sont modérés.

Aux siècles suivants, ces penseurs eussent été jetés aux fers, à la torture et aux flammes.

Abeilard n'attendant plus rien de France, se mit en route pour l'Italie, s'arrêtant de couvents en couvents. Il espérait encore la justice de Rome, quand elle l'aurait entendu.

Il était près de Mâcon quand, brisé par la fatigue, il s'arrêta la nuit, à l'abbaye de Cluny, riche monastère, un des plus renommés pour son amour pour les lettres et pour sa dignité. Il y fut retenu par Pierre-le-Vénérable, appelé ainsi à cause de ses vertus et de son grand âge. Pendant ce temps, saint Bernard envoyait à Cluny Raynard, abbé de Citeaux, pour empêcher Abeilard de poursuivre son voyage à Rome, voyage qu'il redoutait.

Abeilard n'ayant plus guère la force de lutter, et voulant bien montrer qu'il ne voulait pas faire un schisme, écouta les conseils amis qui lui étaient donnés et resta.

On dit que Raynard réconcilia Abeilard et saint Bernard. Peut-être. Mais après leurs si terribles démêlés, il est impossible de croire que cette réconciliation fut sincère.

L'ancien moine de Saint-Denis, occupa ses dernières années

(1) Traduction d'après Rémusat.

à corriger ses œuvres, mais sans y rien changer quant au fond.

Son rang d'abbé de Saint-Gildas et sa renommée le faisait marcher de pair avec Pierre-le-Vénérable, avec les plus hauts dignitaires de l'Eglise ; par humilité, il ne voulut être qu'un simple moine.

Il travailla, oublia, plongé dans la théologie, l'érudition. « Ce n'était plus qu'une pure intelligence. »

On montre encore à Cluny la place d'un gros tilleul, au pied duquel il venait chaque jour travailler, le visage tourné du côté du Paraclet, objet de ses plus douces et mélancoliques rêveries.

Il travailla surtout pour la postérité, sachant bien qu'un jour la science opprimée serait vengée dans sa personne.

Vers 1142, faible et malade, Pierre-le-Vénérable lui conseilla de changer d'air. Il l'envoya dans le prieuré de Saint-Marcel, en Bourgogne, près de Châlon.

Là il continua, jusqu'à la fin, sa vie de travail, priant, lisant, écrivant ou dictant sans cesse.

Il mourut le 21 avril 1142, à 63 ans ; inhumé d'abord à Saint-Marcel, il fut ensuite transporté au Paraclet. Vingt ans après, Héloïse, « mère et première abbesse de céans, de doc-« trine et religion très resplendissante », mourait, et ordonnait de déposer sa dépouille mortelle à côté de celle de son maître et de son époux.

La Révolution, qui détruisit tant de choses, respecta les tombeaux d'Héloïse et d'Abeilard.

En 1792, le Paraclet fut vendu comme bien national ; mais la municipalité de Nogent-sur-Seine, qui se faisait honneur d'avoir donné asile à Abeilard et à Héloïse, transporta leurs restes dans leur ville, à l'église Saint-Léger. Aujourd'hui, ils sont enfermés dans un tombeau, toujours orné de fleurs, à Paris, au Père-Lachaise.

Devant ce tombeau ont passé et rêvé les générations disparues, et passent et rêvent les générations présentes.

Abeilard a été comparé à Platon, à Aristote, à Cicéron, à Homère, j'oserai dire qu'il est l'ancêtre austère et religieux des Diderot, Voltaire et Jean-Jacques Rousseau.

Son siècle, si riche en hommes, le considère comme un de ses plus illustres, les autres siècles n'ont cessé de le grandir encore. S'il n'a pas l'auréole de la sainteté, il a celle de la science, de la souffrance et de la foi.

Plusieurs papes, quatre-vingts cardinaux, évêques ou archevêques, de France, d'Angleterre et d'Allemagne, et parmi eux, Pierre Lombard, le grand évêque de Paris, sont sortis de son école.

Guy du Châtel, Pierre Bérenger, Pierre de Poitiers, Adam du Petit-Pont, Pierre Hélie, Bernard de Chartres, Robert Folioth, Mernirvius, Raoul de Chalons, Geoffroy d'Auxerre, Jean-le-Petit, Arnault de Bresce, Gilbert de la Porrée, furent ses principaux disciples.

Son œuvre, qui a traversé huit siècles, ira jusqu'à la fin du monde : Il est le fondateur, en France, de la liberté de parler et d'écrire, de la liberté de la presse.

Pour elle, il fut persécuté, il a souffert. Penseurs, écrivains, savants ou amants, saluez-le, mais ne le plaignez pas : « Il eut la gloire et il fut aimé » (1).

_____

(1) De Rémusat.

MESONCELLES-EN-BRIE, AUTREFOIS

De la mère revenons à l'enfant, de Saint-Denis, revenons à Mesoncelles.

D'après le rapport de Dom Doublet sur les villes et villages possédés par l'abbaye de Saint-Denis entre le XIe et le XIIe siècle, nous trouvons dans le diocèse de Meaux : Mareuil, Mesoncelles, Villeneuve, La Chappelaude. Mais bien avant cette époque l'abbaye de Saint-Denis possédait Mesoncelles : La Chartre constatant la donation de cette villa, appelée « Monticellœ », date de l'an 675.

Une charte d'Adèle, veuve d'Etienne VI, comte de Blois et de Brie, concernant Sainte-Foy de Coulommiers datées du 3 juillet 1107 cite :

Francheville, Chantemerle, fief de Mesoncelles, Lagny, Bussy. Confirmée en 1132 par Thibault, on y trouve le nom de Guerricus de Saint-Augustin, près Faremoutiers.

De nouveau confirmée par Henry, en 1152, elle donne les noms de Girard de Chantemerle et de Gaucher d'Amillis (1).

En 1220, quand la comtesse Blanche de Champagne fit faire une enquête par Hugues de Mareuil et Garnier de Lagny au sujet des droits d'usage dans la forêt du Mans, les

(1) Th. Lhuillier, d'après le cart. de Champagne,

plus hauts et puissants seigneurs furent interrogés et parmi
eux parut Robert de Mesoncelles (1).

En 1221, Vincent, chanoine de Meaux, donne au chapitre
de la cathédrale 20 l. pour acheter un muid de grain sur les
dîmes de Mesoncelles, dont il s'était réservé la jouissance pendant sa vie (2).

En mars 1222, Thibault IV donne en fief à Geofroi de
Marquenbie, son sergent, qu'il veut récompenser de ses services, une rente de 4 muids d'avoine, 100 poules, 100 pains,
100 deniers à prendre à Mesoncelles, près Coulommiers, et
150 arpents de bois, à défricher (3).

Lettres de P., évêque de Meaux, en 1249, portant par les
curés ratification de la concession de diverses dîmes, par cet
évêque à son chapitre, sur les paroisses de Mesoncelles, Lu-
hont, Sancy, Giroudi-Monasterio (Giremoutiers), Coulommiers
et Aulnoy (4).

En mai 1294, Guillaume de Mesoncelles, écuyer, vend au
chapitre de Meaux des biens situés à Monthyon, et, le même
mois de cette même année, Philippe-le-Bel, à la requête de la
Reine Jeanne, opère l'amortissement des bons possédés par le
chapitre de Meaux comprenant des biens et rentes à Monthyon acquis par le chapitre de M⁰ Guillaume de Mesoncelles,
écuyer (5).

En 1226 (6), sous l'abbé Pierre Iᵉʳ d'Auteuil, un acte de

(1) Rethoré, d'après le cart. de Champagne.
(2) Arch. de S.-et-M., 540, P. 458.
(3) D'Arbois de Jubainville, T. 5. P. 190.
(4) Arch. de l'Egl. de Meaux. Dom Duplessis, T. 2.
(5) Th. Lhuillier. Inv. des titres du chap. de Meaux.
(6) Arch. nat.

partage donnait une plus grande partie de la forêt du Mahans ou du Mans, à l'abbaye Saint-Denis qui en continua le défrichement.

Je dis que l'abbaye en continua le défrichement parce que les Gallo-Romains l'avaient commencé et qu'aux VII° et VIII° siècles, sous les règnes de tranquillité de Dagobert et de ses successeurs, des moines de différents monastères, aux bords des voies Romaines, de leurs mains et aidés des serfs, avaient abattu déjà de grandes étendues de bois et les avaient mises en culture.

Les premiers monastères de la contrée avaient été fondés sur des emplacements cultivés.

Saint-Faron, Faremoutiers, Jouarre, la Fontaine Saint-Aile, étaient entourés de champs en plein rapport, et ce ne sont pas les moines de St-Denis qui défrichèrent les cellœ de Mesoncelles, puisque ces terrains étaient déjà cultivés quand Saint-Denis les reçut du Roi.

L'abbaye de Saint-Denis continua donc le défrichement de la forêt, agrandissant, faisant des chemins de communication, assainissant sans cesse les plaines immenses et fertiles.

A la fin du siècle dernier, elle défrichait toujours et il y a 40 ans, à peine, le propriétaire des bois de Morillas, défrichait encore.

Les habitations des moines, d'abord des plus primitives, prirent de plus en plus d'extension et devinrent de grands centres agricoles.

En somme, depuis Dagobert jusqu'à nos jours, les travaux de défrichement et de mise en culture, n'ont pas cessé, excepté toutefois pendant la seconde moitié du X° siècle.

On disait que la fin du monde devait arriver l'an 1000, et

le découragement avait tout envahi. Les populations terrifiées
et résignées abandonnaient les champs et attendaient la mort.

Ce n'est que quand l'an 1000 fut passé que tout reprit.

La forêt du Mans commençait au nord au-delà de Jouarre
et finissait au sud, longeant le Morin quelque peu, à Faremoutiers, englobant Saint-Jean-les-deux-Jumeaux à l'ouest,
Rebais à l'est, et au centre Pierre-Levée, la Haute-Maison,
Giremoutiers et Mesoncelles.

Mesoncelles était, comme on le voit, en plein pays de
Brie, du mot celte *Briga*, éminence, hauteur.

Doue, Faremoutiers, Mesoncelles, Lumière, Lumigny (1),
ne sont-ils pas, en effet, les points les plus élevés de Seine-
et-Marne ?

Il est vrai aussi que d'autres auteurs font dériver le mot
Brie de *Braum*, terrain gras, argileux. On peut choisir.

Coulommiers, la ville la plus forte de l'ancienne Brie se
trouve, elle, dans un bas-fond, comme couronné par ces points
élevés (2).

Aujourd'hui beaucoup de cités éloignées se réclament de la
Brie, mais n'en sont pas.

Archidiaconé de Brie, doyenné de Coulommiers, du diocèse
de Meaux, Mesoncelles et son église du xiie siècle, ont pour
patron Saint-Sulpice, mais les Bénédictins qui possèdent le
pays leur en donnent un second, le leur, Saint-Denis.

Ce fut Suger, qui communiqua la première grande impulsion
agricole aux Celles du Meson. Il fit reconstruire les établissements monastiques où étaient groupés des oratoires, des

(1) Château du comte de Mun.
(2) Rabelais appelait Coulommiers le pot de chambre de la Brie.

cloîtres, des métairies, des basses-cours et des granges, retraites de silence et de travail, abritées derrière des murailles fortifiées.

Le Doyen ou Prieur.

C'est de là que le Doyen ou le Prieur dirigeait les travaux. Il marquait la futaie séculaire pour la construction des fermes, dont les charpentes sont restées si remarquables, désignait le bois qui devait servir au chauffage, celui qui devait être vendu et celui qui devait être envoyé à Saint-Denis, surveillait l'élevage du bétail, veillait aux vendanges, aux récoltes de toutes sortes et faisait rentrer les prestations et les redevances.

Quand il avait à se transporter assez loin il montait à cheval, sans jamais galoper à moins que ce ne fut pour aller à un incendie, au secours d'une personne en danger ou au chevet d'un mourant.

Il ne devait pas séjourner sur le point à inspecter par plaisir ou par repos.

Il devait rentrer tous les samedis à son centre monastique, Mesoncelles : ou seulement 'il pouvait changer de linge.

Avant de partir il mettait son capuchon et serrait sa ceinture sur son froc.

Ses aides étaient des frères portant leur barbe, « les *fratres barbati* », parce qu'il ne devait avoir autour de lui que des visages sévères.

On avait crié après les mœurs de certains couvents, et il était défendu à un frère rasé de le servir.

Le Doyen n'avait à s'occuper que de son administration, mais il pouvait cultiver son jardin, dans sa demeure, et généralement il en prenait très soin.

Les plus beaux vergers ont toujours été ceux des Doyens ou des Prieurs.

La poire le « Doyenné » ne tire-t-elle pas son nom de ce Doyen qui la découvrit et la propagea.

Malheureusement, elle devient chaque jour plus rare, et on craint sa disparition complète. La poire de « Curé » n'a-t-elle pas aussi l'origine ecclésiastique ?

Après les récoltes, le Doyen faisait les partages ; mettait de côté ce dont il avait besoin pour lui, pour les moines, pour les fermes, pour les travailleurs, pour ceux dont il avait la charge, pour les pauvres, puis il expédiait le reste à l'abbaye soit en nature, soit en espèce.

Il avait droit de haute justice. Il réunissait alors des jurés pour décider avec eux du sort de l'accusé.

Dans chaque colonie il faisait réserver une chambre pour le voyageur indigent qui ne frappait jamais en vain à sa porte..

Le soir venu, un falot était suspendu au mur de sa demeure pour bien indiquer où était la maison du Bon Dieu qui recevait toujours avec pitié, douceur et générosité, le malheureux.

Aujourd'hui, cette maison-là est remplacée par le corps de garde, aux barreaux de fer.

Dans les monastères, il y avait « l'Hôtellerie » consacrée au voyageur ou visiteur qui y était reçu selon son rang. L'hospitalité monastique durait trois jours.

Après avoir donné le baiser de paix à l'étranger, le Religieux qui le recevait lui lavait les pieds en signe d'humilité.

Mesoncelles au combat.

A partir du milieu du XVIIe siècle, le Doyen qui se tenait aux Loges-Saint-Denis, vint au château de Mesoncelles, administrant des domaines considérables dont nous verrons la liste plus loin, et qui étaient reliés par des souterrains creusés jadis pour se mettre à l'abri des pillards et des seigneurs.

Un châtelain (1) entr'autres, Anseau de Cornel, fut au temps de Suger la terreur du pays.

Il habitait près de Mareuil, entre Sancy et Meaux.

Du haut des tours de son manoir, vrai repaire de brigands, il guettait dans la campagne les passants, les chevaux, les voitures et leurs charges, les bestiaux ou les troupeaux.

Aussitôt que sa proie était à portée, il sortait avec ses hommes d'armes, saisissait, emmenait tout et ne rendait jamais rien, ni bêtes, ni gens.

Quand il n'opérait pas par surprise autour de chez lui, il battait la campagne, en embuscade derrière les haies, le long des bois, dans les hameaux et tout ce qui était bon à prendre, il le prenait.

Ce bandit châtelain et sanguinaire vint parfois autour de Mesoncelles mais sans grand succès. Suger pour s'en débarrasser acheta d'abord le chemin qui conduisait à sa forteresse pour mille sous, et le fit garder, puis il acquit la forteresse même et décida son ancien seigneur à partir pour la terre sainte.

Un souterrain allait du château au « Chemin », et à côté, au couvent de Cerqueux, un autre allait de la Loge-au-Bailly, ou Grande-Loge, à la Loge-au-Moine, ou petite Loge.

Un souterrain aussi, joignait le château à l'église de Meson-

_____

(1) Lib. de administratione Sugerie. Cap. XXI.

celles et permettait aux Religieux d'aller aux offices sans sortir de chez eux. Il existe encore.

Mesoncelles était défendu par ses seigneurs et leurs hommes d'armes qui se tenaient à « Roëze », à « Montgodefroy », au « Chemin », et aussi par ses protecteurs naturels, ses étangs qui l'entouraient presqu'entièrement.

Pendant les XIVe et XVe siècles, les grandes Abbayes, pour protéger leurs domaines éloignés contre les évêques métropolitains, des ennemis, les usurpateurs dont les plus redoutables étaient le châtelain et les seigneurs, maîtres des contrées voisines, faisaient bien élever des murs, des remparts crénelés, creuser de larges et profonds fossés autour des monastères et des moindres *cellæ*, celles, mais ces forteresses de toutes sortes ne suffisaient pas.

Elles durent compter avec les seigneurs qui les environnaient et se mettre sous la protection des plus puissants.

Ces seigneurs étaient appelés « Avoués ».

Ils prêtaient serment de fidélité à l'Abbaye et lui devaient l'appui de leurs armes en toutes occasions avec tous leurs vassaux.

Ces avoués, comtes, barons, vidames, avaient en échange de leur protection de grands droits.

Aux « avoueries » étaient attachés de fort revenus.

Les monastères comptaient des souverains parmi leurs « avoués », et ces souverains regardaient eux-mêmes comme un grand honneur d'avoir à défendre ces monastères.

Ce devait être vraiment un beau spectacle de voir tous les habitants d'un même village se lever au son du tocsin, courir aux armes quand l'ennemi venait l'attaquer.

Il ne suffisait pas alors d'avoir, il fallait défendre ce qu'on avait.

Certes, l'oriflamme de Saint-Denis réservée pour les grandes batailles nationales, n'était pas agitée dans ces petits combats de seigneurs à seigneurs qui devaient protection à ses administrés, mais la bannière de la paroisse, entourée des Penoms des chevaliers sous lesquels venaient se ranger bourgs et villages, y flottait fièrement.

Quand elle avançait tous la suivaient avec des cris de joie, si elle s'inclinait, c'est que l'ennemi commençait à être enfoncé, si elle était élevée et haussée simultanément c'était que la lutte devenait dure et le danger grand et qu'alors les cœurs devaient s'élever à la hauteur de tous les sacrifices.

De loin où de près, c'était l'emblème du pays où nous étions nés, où nous vivions, où les vieux étaient morts, c'était l'honneur, c'était le drapeau.

Ceux qui n'ont pas quitté leur village, de père en fils, peuvent bien le considérer comme à eux, ce village.

C'est bien la commune, la terre commune arrosée de leur sang.

Plus particulièrement à l'ombre de l'oriflamme de Saint-Denis qui se montra jusqu'à Azincourt (1415), ce petit coin de la Brie a combattu longtemps et vaillamment et a eu ses pages glorieuses.

De Charlemagne à Napoléon, douze siècles durant, il finit toujours par repousser Normands, Bourguignons, protestants, pillards, usurpateurs, Allemands, alliés.

Jusqu'en 1870, il n'avait jamais vu l'ennemi que fuyant ou vaincu.

DOCUMENTS

La Révolution ne fut pas douce aux Archives de Meson-celles.

Les recherches sont difficiles et pénibles, et je comprends que le découragement s'empare parfois du plus tenace.

Il faut aller prendre ses documents un peu partout et ils sont rares.

Je tiens à dire que je dois un certain nombre de ceux qui suivent à l'amabilité de M. Th. Lhuillier, chef de division à la préfecture de Melun, le savant, l'infatigable chercheur de Seine-et-Marne.

Voici un monceau de grimoires venant des études des notaires de Mesoncelles, Planchon, Camus, Roze, Berthaut, la Comptée et Geoffroy et qui n'offrent que peu de faits inté-ressants.

Voici le registre des causes d'audience du Baillage de la Chastellenie, pairie des Loges Saint-Denis et Mesoncelles, résumé d'une multiplicité d'affaires peu importantes d'un petit tribunal de campagne qui n'avait pas même droit de moyenne justice.

Prestations de serments, démission ou nominations de petits fonctionnaires, tels que amendiers (c'est-à-dire garde champêtre), procureurs syndics, gruyers, greffiers ; récep-tions de lieutenants civils et criminels, procès-verbaux de visites de hauts fonctionnaires, inventaires après décès, audi-

tions et redditions de comptes de tutelles, procurations, nominations de tuteurs et curateurs, etc., etc.

On me pardonnera de ne prendre dans toutes ces pape-
rasses que certains exemples dignes d'attention.

La seigneurie de Mesoncelles était divisée entre les Religieux de Saint-Denis et plusieurs petits seigneurs laïcs et pos-
sesseurs de fiefs, seigneurs sans importance, il est vrai, à
côté de l'abbaye, mais qui avaient des droits.

C'est Philippe de Loan, bailly de Meaux, seigneur de
Mesoncelles en partie.

De son mariage, en 1564, avec Jacqueline de Rivière, il a
Christophe et Jean de Loan, seigneurs de Mesoncelles en
partie, et Hélène de Loan, dame de Mesoncelles, qui épouse
Jean de Montmort, écuyer.

C'est Louis Scipion d'Athis, écuyer, seigneur de Meson-
celles-les-Montceaux-en-Brie, 1609.

C'est Abel d'Athis, chevalier, seigneur de Mesoncelles-en-
partie, qui épouse Suzanne de Davanne, dont il a :

Antoine d'Athis, chevalier seigneur de Mesoncelles-en-
partie, en 1671 (1).

En 1624, foi et hommage, aveu et nombrement sont fournis
à Mgr le cardinal de Lorraine, abbé de Saint-Denis-en-France,
à cause de la seigneurie de la Grande-Loge-au-Bailly, par
Christ. Hidroquan, écuyer, seigneur de Mesoncelles-en-partie
et de Meroger.

C'est ce même « Hidrecan », écuyer, seigneur de Mesoncelles, qui figure comme parrain, à Jouarre, le 26 décembre
1624.

_____

(1) Manuscrits Hauiez. Bibl. de Provins.

Deux ans plus tard, Christophe « Gidroquan », écuyer, seigneur de Mesoncelles-en-Partie, et de Meroger, demeurant à Mesoncelles, héritier de feu Chr. Hédroquan, son père, rend hommage à l'Abbé de Saint-Denis-en-France, de sa terre et seigneurie à l'hôtel seigneurial de la Grande-Loge, 1626. Il signe

C. hydroquan,

Nous trouvons, dans les Archives de l'Hôtel-Dieu de Coulommiers, comme tenu aussi en fief des religieux de Saint-Denis, en 1627, un lot de terre et pré (5 arpents 17 perches), à la Borde, commune de Mesoncelles, appartenant à l'Hôtel-Dieu de Coulommiers et provenant des héritiers Le Père, ensaisinés par Claude de Buz, le 30 juillet 1630; dans les Archives départementales, en 1638, François Vezon, chevalier, seigneur de Maison-Blanche, Aunoux, Marçais et Mesoncelles (pays de Brie), demeurant à Bombon; en 1653, dans un contrat passé à Meroger, en présence de Vollinir de Haicq, écuyer, seigneur de Saint-Gobert, Marthe de Bonneval, veuve de Bonneval, écuyer, seigneur de Mesoncelles-en-Partie, Chantemerle et Meroger;

Le 29 août 1667, une convention entre l'abbesse de Fare-

6.

moutiers et les religieux de Saint-Denis, seigneurs de Mesoncelles, au sujet des dixmes de Cheru et Mesoncelles ;

En 1673, les mesurages des limites pour les dixmes du
Charnoy, près Guerard ;

Le 7 mars 1673, un procès-verbal de visite du château seigneurial de Mesoncelles, acquis de MM. de Bonneval, par
Sauvage, agent des affaires des religieux de Saint-Denis, sous
l'abbé J.-F.-Paul de Gondy, cardinal de Retz, seigneur des
Loges et de Mesoncelles, à cause de son abbaye ;

Le 25 mai suivant, des assises tenues au bailliage de Mesoncelles, par M° Claude Henry, licencié ès-lois, avocat en Parlement, bailli civil des châtellenies des Loges-Saint-Denis et
Mesoncelles, pour l'abbé et les religieux de Saint-Denis-en-
France ; défense est faite aux cabaretiers de vendre vin autrement qu'à la pinte de Saint-Denis et à tous habitants, privilé-
giés ou non, de chasser dans l'étendue de cette terre, à peine
de confiscation des armes, de prison et 30 l. d'amende ;

D'autres assises tenues le 28 mai 1676 : Défense est faite de
blasphémer le nom de Dieu, à peine d'amende et de punition
« corporelle », aux cabaretiers, taverniers de vendre vin pendant le service divin, et aux habitants d'aller aux cabarets
pendant le même temps, à peine, pour les premiers, de
60 sols d'amende, et pour les seconds, de 10 livres.

Aux assises du bailliage de la châtellenie des Loges-Saint-
Denis et Mesoncelles, comparaissaient :

Les officiers du siège, ceux du bailliage de Coupvray, des
prévôtés de Ville-Saint-Denis, de Mareuil (au fief Saint-
Denis), de Magny, Saint-Loup et de Poincy.

Elles étaient tenues, le 10 juin 1721, par Louis Cretois, seigneur de Sabarois, conseiller du roi au bailliage de Meaux,

bailli de la châtellenie des Loges-Saint-Denis et Mesoncelles;
et, le 15 juin 1756, par F. Cordellier, bailli, juge civil et criminel de police du bailliage de Mesoncelles et des Loges-Saint-
Denis.

Avec les officiers du bailliage et ceux des fiefs qui en relè-
vent et y ressortissent par appel, les habitants domiciliés dans
la juridiction doivent y être présents, à peine de 3 s. d'amende,
sans préjudice d'autres peines en cas de manifeste désobéis-
sance (1).

A cette époque, nous trouvons :

Claude de Mézières, écuyer, seigneur de Mesoncelles-en-
Partie, en 1714.

Charles-Hyacinthe-Marc de Challemaison, chevalier, seigneur de Mesoncelles-en-Partie.

Marie-Marthe de Challemaison, dame de Mesoncelles, morte
en 1806 (2).

Demande en réparations d'injures par Simon Dupuis contre
Pierre Pelletier, laboureur aux Houïs, qui avait dit de la
femme du demandeur qu'elle était une... femme de mauvaise
vie... Il fut condamné à dire publiquement le contraire. N'est-
ce pas mieux que de l'avoir condamné à une indemnité, qui
aurait pu faire dire que l'inconduite ou la vertu de la femme
rapporte au mari?

Confrontation de Marie Thevenot avec Nicolas Coluche, laboureur, procureur fiscal de Vaudoy, « qu'elle cognaît comme
honeste home, sinon qu'il l'a desbauchée et a eu charnellement
affaire avec elle, dont elle s'est peu défendue, l'aïant par trop

(1) Bailliage de Mesoncelles.
(2) Man. Bibl. de Provins.

importunée, de sorte qu'elle est devenue grosse de son faict et de ses œuvres ».

Procédure suivie à la requête des religieux de Saint-Denis contre Jean Sauvage, leur fermier amodiateur du château, terre et seigneurie de Mesoncelles, redevable envers ses bailleurs d'une somme de 2,000 livres.

Sauvage meurt au cours de l'instance, et dans l'analyse de ses papiers, la note des remèdes, pansements et médicaments faits et fournis pendant sa maladie par Claude Duchemin, maistre chirurgien à Crécy :

Le 5 juillet 1675, pour lui, un voyage exprès à Mesoncelles, distant dudit Crécy d'une grande heure, pour le seigner du bras, XX sols (20 sous).

Du 6 juillet *item*, un voyage comme ci-dessus, XX sols (20 sous).

Du 7 juillet *item*, un voyage exprès et chez lequel j'ai passé la nuii et pendant laquelle nuit je l'ai seigné deux fois des bras, XXX sols (30 sous).

Du 8 juillet, huit onces de miel violat, pour luy mettre en ses clystères, XV sols.

Du 9, six onces de loocq, composé avec le diatrachantum frigid, les peindes et poudre d'iris flor, les sirops de pavots rouges et de capillaire, XXV sols (25 sous) etc.

Ces visites de médecin étaient beaucoup plus chères autrefois qu'aujourd'hui.

En 1677, requête des amodiateurs de la seigneurie de Mesoncelles, tendant à faire constater la perte qu'ils ont éprouvée par suite de la gelée, qui a été « si aspre et si extraordinaire, que la plus grande partie des étangs de la Brie sont gelés et tous les poissons qui sont dedans. »

Puis des batteries de paysans, des saoûleries, des vols et rapines, qui sont de tous les temps.

En exécution d'un arrêt du Parlement, du 19 avril 1707, le 13 mai, P. Hannier, prévôt de Meaux, bailli de Mesoncelles, assisté de Louis Colleau, curé, d'Antoine Fourault, substitut du procureur fiscal, font le rôle des pauvres mendiants de la paroisse de Mesoncelles et établissent la taxation des personnes aisées, et l'état du revenu des biens seigneuriaux et des fermes à imposer à 2 sols pour livre.

En 1741, le greffe du bailliage des Loges-Saint-Denis et Mesoncelles établit un nouveau rôle des pauvres de Mesoncelles, auxquels il convient d'accorder, la subsistance, conformément à l'arrêt du Parlement, du 30 décembre 1740, avec l'état des propriétaires chargés d'y pourvoir, à raison de 15 deniers par livre du revenu de leurs biens.

Les religieux de Saint-Denis, dont le revenu est de 7,350 livres, paient . . . . 159 l. 7 s. 6 d.

Le duc de Béthune, seigneur de Roëze, dont le revenu est de 800 livres, paie . . . . 50 l.

M⁽ᵉ⁾ Boula, seigneur de Quincy, pour Montgode-froy, le Pré-aux-Rats, paie . . . . 62 l. 10 s.

M⁽ʳᵉ⁾ Dienert, seigneur de Troyes, pour leur ferme du Chemin . . . . 81 l. 5 s.

Etc., etc.

Les religieux de Saint-Denis, seigneurs de Mesoncelles, qui avaient la haute et basse justice sur tout Mesoncelles et aussi sur les hameaux des Fermiers, de la Malmaison, sur Corbeville (de Giremoutiers) semblent avoir été portés généralement à la clémence.

Le lieutenant du bailliage des Loges-Saint-Denis et Mesoncelles dresse, au commencement de 1721, plusieurs procès-

verbaux contre Lamy, cribleur, qui attaque et frappe Claude
Soudé, manouvrier à Mesoncelles ;

Le 25, contre André Soudé, manouvrier, qui est arrêté et
emprisonné à Mesoncelles, pour avoir menacé de mort J.-B.
Guichard, fermier, et le 12 août, contre P. Soudé, dit le Mal-
faisant, qui brise les barreaux de la prison pour faire évader
son frère André.

En 1732, un procès criminel est suivi par la justice des
Loges-Saint-Denis et Mesoncelles, contre Paul Butel, Legros,
Léger, Leduc, auteurs de la mort de Claude Soudé,

L'entérinement des lettres de pardon qui leur fut accordées
par Louis XV eut lieu au bailliage royal de Crécy (1).

L'exemple d'austérité et de désintéressement des moines
Bénédictins ne paraît pas toujours avoir été suivi par leurs
voisins les curés de Mesoncelles.

Le curé Berson avait-il beaucoup de pauvres à soulager,
beaucoup de bien à faire ? — Ce fut sans doute son excuse.

Toujours est-il que, sous prétexte de dixmage, il enlève, en
1768, aidé de Georges Brayer, les récoltes de Claude-Nicolas
Cinot, laboureur à Mesoncelles, dont le champ n'était séparé
du jardin de la cure que par une haie vive. Il envoie toutes les
gerbes par dessus cette haie, chez lui (2).

Le bailli de Mesoncelles est remplacé, à cette époque, par
Joseph Bertin (de Crécy), avocat au Parlement, et les Loges-
Saint-Denis et Mesoncelles ont bailliage et gruerie et sont
qualifiés de châtellenie-pairie.

Beaucoup de déclarations de grossesses faites pour satisfaire
à l'édit d'Henri II (1556).

(1) Bailliage des Loges Saint-Denis et Mesoncelles.
(2) Bailliage de Mesoncelles.

Puis, des accusations de sorcellerie et des condamnations à verser des pensions alimentaires par des gars trop entreprenants à des donzelles qu'ils avaient engrossées en leur faisant promesse de les épouser.

Il me semble que sur ce dernier point, nous avons fait un rude pas en arrière.

La recherche de la paternité n'est plus permise. N'est-il pas honteux de voir aujourd'hui tant de jeunes et gros messieurs, ou même d'ouvriers, mais surtout de jeunes et gros messieurs, disparaître en donnant simplement leur coup de chapeau aux jeunes filles qu'ils ont séduites et qui n'ont pas le droit de leur demander une aide quelconque, un peu de pain pour l'enfant ?

Et encore, celles qui ont des enfants, ne sont-elles pas les plus honnêtes ?

Sans donner une prime à la faute de l'amour qui est la vie, le devoir de la société est de leur tendre la main, de les secourir, d'avoir le plus grand mépris pour l'homme qui se sauve, et la plus haute considération pour celui qui souvent s'impose, se prive, brise son existence, si ce n'est toujours pour la femme, au moins pour l'enfant innocent et chéri.

Et cet enfant ne devrait-il pas avoir les mêmes droits que les autres, puisqu'il a les mêmes devoirs ?

La loi qui n'est pas faite du sentiment humain est injuste et lâche.

La morale vraie vient du cœur et non de la tête.

ANCIENS FIEFS

Il y avait à Mesoncelles de nombreux fiefs :

« Baloino », fief-formo.

« La Borde-Cerqueux », déclaré, en 1540, au bailliage de Meaux, « le fief de la Borde de Sergneulx-les-Mesoncelles, que tient Antoine de Buz, seigneur de la Haute-Maison, en ses mains, redevable audit seigneur de 17 s. 6 d. de menus cens par chacun an ».

En 1683, la ferme de Cerqueux appartient à Pierre Lambert, valet de chambre de S. A. Mademoiselle d'Orléans, duchesse de Montpensier. Demeurant aux Bordes, près Saint-Augustin. Il meurt à Cerqueux vers 1586 (bailliage de Mesoncelles).

De 1693 à 1695, Cerqueux appartient à François Benoît, procureur du roi en l'élection de Coulommiers, qui demande à réunir le chemin, dit de la Loge-au-Bailly, qui passe le long de son mur, à sa ferme, et à le remplacer ailleurs. Entièrement ruiné. (Bailliage de Mesoncelles.)

L'abbé Lebœuf, dans son *Histoire de Paris*, dit que Cerqueux vient de sarcophage, et qu'il ne doute pas un instant qu'on ait donné ce nom à cet endroit de Mesoncelles à cause des cercueils qui y étaient exposés en vente ou qui y étaient employés à conserver des corps. A Cerqueux il y avait, du reste, un couvent de religieuses, et on y enterrait.

Autour de son emplacement, les maçons, en construisant, rencontrent encore, dans les anciennes fondations, des tombes et des ossements épars.

La chapelle aurait été détruite par le feu du ciel à la fin du siècle dernier.

N'est-ce pas le couvent des sœurs de Cerqueux qui remplaça le prieuré de Sainte-Marguerite de Montgodefroy ? Et n'est-ce pas à Cerqueux, auprès des sœurs gardes-malades, qu'Anne de Montcornet vint chercher la délivrance ?

« A la fin du XVIᵉ siècle, une femme, nommée Anne de Montcornet (1), voulut renouveler, à Meaux, l'exemple de vie de recluse du moyen-âge ; elle se disait prieure de l'ordre de Saint-Ambroise de Padoue, et obtint de M. de Vitry, gouverneur de la ville, un terrain, où on lui construisit une petite retraite, dans laquelle elle vécut enfermée avec une servante, la sœur Libella, Italienne, sans doute.

« Anne devait passer sa vie dans sa cellule et y être enterrée. Mais au bout de trois ans, une grossesse s'étant déclarée, elle sortit, alla faire ses couches à Mesoncelles et ne reparut plus. »

« Le Chemin », ferme ; en 1670, à Marie-Ant. La Guillaumye, seigneur du Chemin :

Les La Guillaumye ont habité Coulommiers et Crécy. L'un d'eux était notaire à Crécy.

« Le Petit-Mesoncelles », habitation des Bénédictins de Saint-Denis.

« Chantemerle », fief cité dans le *Cartulaire de Sainte-Foy* du XIIᵉ siècle — *De Cantumerlo.*

_____

(1) Rochard. T. I, p. 5, 397. — Carro, p. 308.

« Meroger », ou mieux « Mairauger » (de *Mezo-Augeri*,
fief, *Drouaz de Mezo-Augeri, clericus*.

Il y avait Meroger-le-Gueux et Meroger-la-Folie. Dès avant
le XVIe siècle, il appartenait aux Bénédictins de Saint-Denis.

Le Chapitre de Meaux possédait, en 1320, le fief de Meroger.
En 1563, il l'aliène.

Messire de Hidrequan, adjudicataire de la seigneurie de
Meroger, vendue au présidial de Meaux, paie 880 livres « pour
la Finance ».

Le 29 août 1631, un arrêt du Parlement autorise le Chapitre à faire les poursuites nécessaires pour rentrer dans le
fief ci-devant aliéné.

« Montbenard », ferme, dont les carrières de pierres sont
réputées.

Louis XIV, ou plutôt Colbert, désigne ces carrières par « les
pierres nécessaires aux réparations du château de Mont-
ceaux » (1). Déjà, en 1514, on voit que les boulets en pierre
do Montbenard sont fabriqués à Meaux (2).

La ferme de Montbenard avait été acquise, le 7 mars 1640,
par Ant. Despinas, écuyer, seigneur de Montblin, qui épousa,
en 1680, Marg. Desmoulins.

En 1680, Charlotte de Bardesard, épouse de François Des-
pinaz, écuyer, seigneur de Montblin, meurt à Montbenard,
paroisse de Mesoncelles, laissant Christophe-Jacques, François,
Henry, Charles-Dominique et Charlotte-Rolande Despinas.

« Montgodefroy », fief, ancien prieuré, sous le titre de
Sainte-Marguerite, et dont la chapelle est mentionnée en 1540,

---

(1) Château de la Belle Gabrielle.
(2) Rochard, p. 831.

dans l'inventaire des déclarations des fiefs et arrière-fiefs du
bailliage de Meaux : « Damoiselle Anne de Volant, femme
séparée de André Leroy, dame de la terre et seigneurie de
Montgodefroy, lui appartenant en propre, déclare une maison
où il y avait anciennement un château, cour, granges, estables,
fossés, jardins, trois étangs de 20 arpents d'eau, et environ
180 arpents de terre et pré. Haute, basse et moyenne justice,
toute ladite seigneurie de Montgodefroy, que ladite damoiselle
tient en foy et hommage de G. de Buz, écuyer, seigneur de la
Haute-Meson. »

En décembre 1356, une charte de Philippe, évêque de
Meaux, et de MM. du Chapitre cathédral, est signée pour
l'union de la chapellenie de Montgodefroy, paroisse de Mesoncelles, à la collation de l'évêque. L'évêque et le Chapitre se
réservent la nomination, par moitié, des desservants desdites
chapellenies et dites paroisses.

En 1485, Anne de Cuisse, veuve de Jehan Rappine, coup.
maître d'hôtel de feu Louis XI, fait saisir, à cause de sa seigneurie de Montgodefroy, des arrière-fiefs à Sancy, pour lesquels elle n'a pas reçu foi et hommage.

Avant 1587, Anne Volleau, dame de Montgodefroy-en-Brie,
femme de André Le Roy, chevalier, seigneur de la Rodière-en-
Touraine, reçoit foi et hommage de Christophe de Hidrequan,
écuyer, seigneur de Mesoncelles-en-Partie, pour les quatre
parts sur six du fief du Colombier, au finage de Mesoncelles.

Et ensuite Christ. de Hidrequan rend hommage de son fief
du Colombier à Antoinette Rebours, veuve de François Sevin,
conseiller du roi en sa Cour des aides, dame de Montgodefroy-
en-Brie.

Pierre Grassin, vicomte de Busancy, de Sens, conseiller au

Parlement de Paris, fondateur du collège de Grassin, était seigneur de Montgodefroy et de Quincy. Il avait épousé, en
1548, Marie Courtin de Pomponne. Il mourut le 18 novembre 1589.

Son fils Pierre fut également seigneur de Montgodefroy,
Quincy, Bombon. Mort peu après son père, il finit la branche
aînée.

Dans son testament de mai 1492, Blanche, duchesse d'Orléans, laisse à Me Jaqueline de Juilly, dame du Tremblay, ses
petits tableaux qui sont pour le petit autel, et divers legs à
Blanchette de Montgodefroy, à Blanchette de Vincy et à
Jehan de Vincy, à Adam de Montgodefroy, ses écuyers, chacun
16 livres parisis.

En 1758, une sentence de la prévôté de Quincy, cite François
Boula de Dourlon, chevalier, seigneur de Quincy, Charny,
Montgodefroy, Mareuil, Nanteuil, Coulomme, Couilly, Saint-
Germain et autres lieux.

Arrière-fiefs de Montgodefroy (1) :

« Roizé » ou « Roëze » est évalué à 60 livres de revenus,
en 1695, par le sieur d'Entraigues, secrétaire du roy et conseiller au Parlement, qui le tenait alors.

« Montaudier », ferme, et « Lamothe », ferme et prévôté.

De 1685 à 1691, le prévôt de Lamothe est Nicolas Houdet,
prévôt de la justice de Coulommes.

En 1672, la ferme de Lamothe appartient à Grégoire-Fran-

(1) Dauvergne.

çois de Varade, écuyer, seigneur de Charnier et de Lamothe, demeurant à Moret. (Bailliage de Mesoncelles.)

« Guerard » ou « Guibrard », ferme.

Le « Coullombier », fief, que tiennent Christ. de Hedrigan et ses sœurs Claude-Marguerite et Jehanne de Hedrigan ; « vaut ladite terre de Montgodefroy 20 livres par an, 10 à 12 muids de grain, 2 tiers en blé, l'autre avoine, 12 poules, 12 chapons, 2 douzaines de fromages et 2 douzaines d'ange-lots. »

En 1695, le fief de Montgodefroy appartient à M^{re} Ch. Sevin, chevalier, sous-brigadier des mousquetaires du roy.

« Le Pré-aux-Rats ». Cette ferme est achetée en 1713 par Boula, chevalier, seigneur de Quincy, de la fille de Jacq. d'Espinas, chevalier, seigneur de Mesoncelles-en-Partie, et veuve du Rivet de Rouville.

En 1701, un procès est intenté à François-Domin. du Rivet, demeurant au Pré-aux-Rat, par Denis Chemin, de Crécy, pour son frère Jean qui, revenant du pélerinage de Saint-Fiacre, le 10 septembre, avec Gastelier, charretier à Jouy-le-Châtel, et sa femme, avait pris une poire en passant au Pré-aux-Rats et a aussitôt reçu un coup de bâton sur la tête par ledit du Rivet. (Il était jeune, de grande taille, chapeau retroussé, visage maigre, cheveux plats et châtains, culotte rouge, bas blancs.)

En septembre 1709, François-Dominique du Rivet, seigneur du Mesnil, mousquetaire de la 1re compagnie, mourut au service du roi, à l'armée de Flandre.

Louis-Charles du Rivet, seigneur de Rouville, était mort laissant sa veuve Charlotte-Rolande Despinat, demeurant à Corbeville, paroisse de Giremoutiers, avec des enfants qui héritent de leur oncle, et en 1710, Charlotte-Rolande d'Espinas, veuve du Rivet, et ses enfants, font faire inventaire des papiers de la succession de F.-Dom. du Rivet, seigneur du Menil, et en qualité de nobles, elle et les héritiers, ne peuvent être traduits en première instance « devant autre juge que celui de Mesoncelles. »

En 1713, Charlotte Despinat, veuve du Rivet, « entretient commerce charnel » avec un de ses charretiers et accouche le 27 juillet (1). Des dettes la forcent à vendre la ferme de Corbeville 14,000 livres. Mais cette ferme, qui appartient à ses enfants, vaut plus, et le marché est cassé.

Vers 1720, les enfants voulant s'équiper et servir le roi, vendent la ferme du Pré-aux-Rats, louée 700 livres. On leur en offre 34,000 livres, plus une épée à chacun d'eux, et une garniture à la damoiselle. Le tout est accepté par les parents du côté paternel.

Le 27 novembre 1722 est inhumé, dans l'église de Mesoncelles-en-Brie, messire Louis-Charles du Rivet, écuyer, seigneur de Rouville, décédé le 25, au Pré-aux-Rats (2).

La sixième partie du fief du Coulombier, assis à Mesoncelles, mouvant de Montgodefroy, vaut, toutes charges déduites, 6 livres 10 sous par an.

La sixième partie de trois fiefs, assis à Mesoncelles, mouvant du révérendissime cardinal de Bourbon, à cause de la terre et seigneurie de la Loge-Saint-Denis, vaut 15 livres par an, toutes charges déduites, déclarés avec plusieurs autres fiefs par Antoine de Renuzart, écuyer, seigneur de la Barre de Sains, 9 novembre 1540.

---

(1) Bailliage de Mesoncelles.
(2) Reg. par. de Mesoncelles, près Crécy.

Partie du fief, terre et seigneurie de Mesoncelles, tenue en plein fief, foy et hommage du cardinal de Bourbon, abbé de Saint-Denys en-France, à cause de la seigneurie de la Loge-Saint-Denys, vaut, toutes charges déduites, 40 livres par an.

Le fief du Coullombier, mouvant de Montgodefroy, vaut, toutes charges déduites, 19 livres par an.

La sixième partie du fief de Mesoncelles, tenu dudit cardinal de Bourbon, vaut 15 livres par an. Déclaré par Nicolas de Hecques, écuyer, 9 novembre 1540.

Le fief de Aucourt, sis à Mesoncelles-en-Brie, mouvant en plein fief à une seule foy et hommage de Jacques de « Hidreguan », à cause de sa seigneurie de Mesoncelles, consiste en 10 arpents de prés, terres, auxquelles il y a maison, coulombier et fosse à poissons, donnée à rente à perpétuité dès l'an 1469, revenus en avoine et bled ; le quart d'un chapon, le quart de trois parts d'un chapon, etc.,. Déclaré le 7 avril 1540 par Agnès, veuve de feu J. Aucourt, écuyer, ayant la garde noble de Ch. et Perette Aucourt, ses enfants.

Le fief des Grandes Dixmes de Mesoncelles, mouvant du seigneur de Mesoncelles. Déclaré par noble homme Denis Aucourt, au nom et comme curateur de J. de Pampelune, fils de noble homme de Pampeluue et Didière Aucourt, sa femme.

Un fief, sis à Mesoncelles, appelé le fief des Pitaux, mouvant, en plein fief, de Christophe de « Hedriguain », sieur en partie dudit Mesoncelles, qui consiste pour la moitié une année, le quart et autre année suivante, la moitié des grandes et menues dixmes dudit Mesoncelles, vaut par an 14 livres.

Pitaux, le fief de Pitaux, assis à Mesoncelles, appartenant

au sieur Abbé de Saint-Denis-en-France, évalué 6 livres. Ledit sieur Abbé est exempt.

Arrière-ban de 1695.

La Morlière, dite Tuilerie.

Le Merisier, ferme.

LES MOINES DE SAINT-DENIS

Les moines de Saint-Denis suivirent, jusqu'en 1633, la règle austère de saint Benoît. Mais à partir de 1633, ils embrassèrent la réforme de la congrégation de saint Maur, et la règle ancienne se relâcha.

Saint-Denis était arrivé à son apogée.

Toutefois, les moines conservèrent leur breviaire particulier, breviaire bénédictin, mais additionné de quantité d'oraisons sur les rois dont ils gardaient les tombeaux. Ce breviaire était manuscrit, et cependant le breviaire avait été imprimé en France en 1550, par Nicolas Demoustiers, au prix de sept livres tournois « ung graduel de l'Eglise là ou l'on chante les offices de la messe. »

On peut se demander comment les Bénédictins de Saint-Denis, qui portaient le flambeau qui éclairait le monde, n'aient eu le breviaire imprimé qu'en 1550, si tard, quand la Bretagne, qu'on dit si arriérée, l'avait déjà depuis cent ans.

Le premier breviaire fut, en effet, imprimé en 1480 par Pierre Du Chaffault, le grand évêque de Nantes.

Curavit vir reverendus D. D. Petrus Duchaffault, Episcopus Nannetensis ut breviaria sua ubique gens Britanica haberet. Ideoque ea imprimi mandavit, ut non essent tantum litteris verum etiam ut castigatissima sui omnes haberent et tenerent.

7.

Avant cette édition, les ecclésiastiques de Nantes et du diocèse ou ne disaient point de breviaire ou allaient à l'église le dire, à l'aide de quelques breviaires manuscrits qu'on y tenait à la chaîne et qui n'en sortaient point.

L'église de Saint-Nicolas de Nantes en avait quatre de cette espèce et un ordinaire au Directoire.

« Le breviaire de Pierre Du Chaffault, dit Nicolas Travers (1), « est le premier breviaire imprimé qui ait paru, non seule-« ment en Bretagne, mais en Europe. Il fut imprimé à « Vannes *Venetiis*, que je pense, dans cet endroit, signifier « Vannes plutôt que Venise, l'art d'imprimer ayant été exercé « en Bretagne presqu'aussitôt qu'il fut inventé. Guillaume » Touzé et François Renner de Hailbrun en furent les éditeurs « et imprimeurs.

« Toutes les feuilles de ce premier breviaire de Nantes sont « numérotées en chiffres arabes, dont on croit communément « l'usage beaucoup plus récent en France. Il a d'ailleurs plu-» sieurs autres singularités remarquables...

« Notre évêque Duchaffault donna encore, en 1482, un « missel à l'usage du diocèse de Nantes, en caractères un peu « gothiques et sans numéros sur ses feuilles.

« Trois Italiens l'imprimèrent à Vannes *Venetiis*, a la « requête du Révérend Père en Notre Seigneur, M. Pierre « Du Chaffault. »

Ici, qu'il me soit permis de ne pas être, sur ce point, de l'avis de Travers.

Je crois, avec Dugast-Matifeux et d'autres historiens, que

---

(1) Nicolas Travers. *Histoire ecclésiastique et civile de Nantes.* T.A. P.P. 173, 174, 180.

Venetiis est pour Venise et non pour Vannes. Pierre Du Chaffault était très attentif à tout ce qui se passait dans le monde, et particulièrement en Italie et à Rome, où il alla plus tard trouver le pape, « au nom du duc de Bretagne, son souverain « et son parent (1), et au nom de sa Bretagne bien-aimée. »

Mes papiers de famille et ceux qui sont aux archives de Nantes, le prouvent une fois de plus. Mais, imprimés à Vannes ou à Venise, le premier breviaire et le premier missel, n'en ont pas moins été donnés à la Bretagne et à l'Europe par le saint évêque de Nantes, Pierre Duchaffault, mort en état de sainteté en 1488.

Toutes les fois que je vois le breviaire entre les mains d'un prêtre ou le livre de messe entre celles d'une femme, je ne puis me défendre de cette pensée : C'est pourtant un des miens qui les a inventés.

Le premier breviaire et le premier missel imprimés sont au musée de Nantes.

Travaux des champs.

Suivant la règle, l'abbaye de Saint-Denis devait avoir cent membres, les commis laïques, les petits novices, les profès-convers, les profès de chœur.

A partir de la réforme clunesienne, les religieux travaillent moins eux-mêmes, mais ils n'en font pas moins travailler, sous leurs yeux, les colons, les ouvriers, les cultivateurs.

---

(1) Du Chaffault, Juveigneur des comtes de Nantes. (De la Nicol-lère, archiviste de Nantes, Beauchet-Filleau, etc.).

Auparavant, Mesoncelles avait vu les moines levés avant le jour, se mêler aux travaux agricoles, le livre d'une main, la pioche de l'autre, allant anx champs, sarclant les mauvaises herbes, labourant, passant les graines, semant, faisant le pain et soignant la vigne, qu'ils avaient plantée dans le pays. Ce qu'on appelle le vignoble entre Saint-Augustin et Faremou-tiers, et entre Mouroux et Guerard, a été planté par eux, comme tout le vignoble d'Argenteuil.

Pendant les travaux, ils entonnaient le chant des psaumes et d'hymnes, et pendant les repos, à midi et le soir, sous quelques arbres séculaires, le doyen leur faisait une lecture aux champs.

Le coucher et le lever.

Le coucher était sonné à sept heures moins le quart en hiver et à huit heures moins le quart en été.

Après le coucher, le doyen commençait sa ronde, une lan-terne à la main, parfois accompagné d'un serviteur, et s'il trouvait quelque chose d'irrégulier, il sévissait sévèrement.

Les chiens de garde aussitôt étaient lâchés, car il y en avait toujours dans les demeures monastiques. Les moines à Meson-celles en avaient plusieurs, et à l'abbaye beaucoup. Ils aimaient les chiens sans doute aussi depuis qu'ils connaissaient les hommes.

On trouve, dans les archives de Saint-Denis, des dépenses très fortes pour ces pauvres amis de la maison.

Les moines couchaient tout habillés, et à deux heures du matin, en toute saison, ils devaient se lever et se rendre à l'office de nuit, qui durait une heure.

Ils rentraient alors se coucher, et à quatre heures, ils se relevaient pour chanter matines.

Les repas.

Lé religieux bénédictin ne faisait qu'un ou deux repas, le dîner à 10 heures, le matin, le souper à 5 heures le soir. Mais dans les jours de jeûne, dans les temps de vigile, de l'avent et du carême, le dîner était supprimé.

Il avait une ration de vin journalière appelée une hemine, c'est-à-dire un demi-setier, qui devait être mêlé d'eau. « Quiconque boira du vin sans eau, hors de nécessité, s'abstiendra de vin autant de fois, dit la règle de saint Benoît. »

Il était défendu à un Bénédictin de prendre quoi que ce fût entre ses repas, à moins que le prieur ne juge nécessaire un verre de vin aux forces.

Dans ce cas, le prieur emmenait ses religieux au réfectoire et leur donnait « la charité de la coupe ».

Le repas du Bénédictin était des plus austères. Il consistait en un potage de légumes secs, jamais frais, haricots ou pois, ou une écuellée d'herbes potagères bouillies, telles que de la poirée ou des épinards. Ces légumes étaient accomodés au jus de lard, à la graisse ou à l'huile d'olive. Mais pendant les soixante-dix jours qui précèdent la Pàques et dans tout le temps de l'avent, ils étaient accomodés simplement à l'eau, relevée de poivre et de sel. Quelquefois les légumes étaient remplacés par la pitance, *pitantia*, ou le geberet, les jonrs seulement qui n'étaient pas jours d'abstinence ou de jeûne.

La pitance se composait de quatre œufs ou d'un maquerel frais, ou d'un autre poisson, et « en doit avoir chascun moyne un », ou bien encore d'une tranche de fromage cru. Le generet se composait « d'un maquerel salé chascun un » ou cinq ou six œufs frits pochés au « sayn », à la graisse ou à l'eau, selon les jours.

La pitance et le generet servis dans une petite assiette ou écuelle appelée patène, étaient pour deux qui mangeaient dans cette même assiette.

Un petit pain rond, du poids d'une livre, sur lequel était dessinée une croix, complétait le repas, que saint Bernard trouvait encore trop copieux.

Il prétendit qu'on ne devait pas servir les œufs de différentes façons, frits, rôtis, sautés, pochés, durcis, baignés dans différentes sauces, en omelette, farcis, brouillés, gratinés, mais d'une seule, cuit dans leur coque.

Cependant, aux grandes fêtes de l'année, aux jours d'obits des princes, des souverains, aux anniversaires des bienfaiteurs de l'Ordre, ces rations de vin, ces portions de légumes, d'œufs ou de poisson étaient augmentées.

« Il y a des jours dans l'année où on doit avoir bon vin, aux festes doit avoir chascun moyne sa chope. »

La part des pauvres, prélevée sur celle des moines, était mise de côté.

Jamais de viande de boucherie ou de volailles, si ce n'est le dimanche, le lundi et le mardi de Pâques et pour les malades de l'infirmerie.

Mesoncelles envoyait alors à Saint-Denis sa cote-part d'oies, de poulets, etc.

Les repas des funérailles et couronnement des rois.

Les jours des funérailles ou des couronnements des rois, reines ou princes ou princesses du sang, l'abbaye servait, dans le réfectoire, un repas considérable.

Ces repas étaient aux frais du trésor royal, dressés par ce qu'on nommait « la bouche du roi ».

Le jour des obsèques de Louis XII, il fut compté à l'abbaye de Saint-Denis 400 livres pour l'assistance aux funérailles et 400 livres pour le repas.

De grandes libéralités aussi aux funérailles d'Anne de Bretagne, où presque tous les corps d'Etat présents à la cérémonie furent servis au réfectoire. Après la cérémonie funèbre de Louis XIII, toute la cour. Quatre tables furent dressées, et de plus celle de la Chambre des comptes et celle de la Cour des aides.

Après l'enterrement d'Anne d'Autriche, plus de quatre cents couverts, avec les prélats, les ambassadeurs, le Châtelet, l'Université. Mais le festin funèbre le plus nombreux et le plus plein d'apparat fut celui de Marie-Thérèse d'Autriche. Plus de 4,000 indigents furent servis dans la cour des Récollets.

Quand un souverain venait à Saint-Denis se reposer des fatigues du gouvernement, sa visite entraînait la présence de nombreux personnages ; de grands repas étaient encore servis, mais les religieux ne s'y asseyaient pas.

Tous les ans, un déjeuner était donné aux Cent-Suisses et aux gardes-du-corps les jours anniversaires de la mort de Louis XIV et de Louis XV.

Tous les repas, quels qu'ils fûssent, des Bénédictins, étaient

précédés et suivis du *Benedicite,* et pendant ces repas, un
religieux faisait la lecture à haute voix.

Le service de table du moine.

Le service de chaque moine se composait de la patène, ou
assiette, qu'il lavait lui-même, un couteau et une tasse d'étain,
ou écuelle, et une « juste » coupe qui contenait trois cho-
pines à la mesure de la ville de Saint-Denis. La fourchette, qui
ne date que de Charles V, ne fut admise que bien plus tard.
A l'abbaye même, la tasse d'étain ou écuelle, était en argent.

Les religieux de Saint-Denis semblent avoir vécu généralement fort vieux.

Une nourriture légère, composée de poisson, surtout d'eau
douce, de légumes, d'œufs et d'un peu de vin, le jeûne, le
travail, la règle, sont meilleurs à l'homme que la bonne chère,
l'alcool et le repos.

L'ameublement.

L'ameublement d'un Bénédictin, de la chambre dans les
villœ ou celles, de la cellule dans le monastère, était bien fait
du renoncement monastique. Aucun parfum, rien de ciselé ou
gravé, ni aucun objet d'or ou d'argent, ni peinture, ni objet
d'art.

C'étaient : un siège de bois ou de paille, un prie-dieu,
quelques images, un chapelet, une petite table, une tablette
avec des livres, un chandelier de fer ou de bois, un lit sans
rideau, avec une couverture, une courroie tendue pour sus-

pendre la serviette, un peigne de bois et le couteau, et une gaine avec l'aiguille et le fil.

Le couteau, l'aiguille et le fil devaient être portés toujours par le moine.

Le luxe de Saint-Denis.

Encore une fois, ces prescriptions furent souvent enfreintes à Saint-Denis même.

Les rapports de l'abbaye avec le roi et les grands firent déroger souvent la règle.

L'abbaye avait sa vaisselle plate, d'or et d'argent, et jusqu'à ses breviaires, comme celui du frère de Gyvès, en maroquin rouge, constellé de fleurs de lis d'or et semé des plus riches ornements, étaient des chefs-d'œuvre de reliure.

Les abbés, surtout, qui souvent se rendaient à la cour et étaient chargés des plus hautes missions diplomatiques, s'entourèrent, à certaines époques, du plus grand luxe, traînant avec eux le plus magnifique appareil.

La splendeur de ces prélats, dans les occasions solennelles, était extraordinaire.

« Suivis, par honneur, de leurs religieux, bénéficiers ou grands officiers, escortés de leurs grands vassaux et de ceux de l'abbaye même, tous choisis parmi la plus haute noblesse de France, suivis, à l'imitation des plus grands seigneurs du royaume, d'un grand train de chevaux, ornés de caparaçons à écussons armoriés, ils effaçaient, par l'éclat de cet attirail, la plupart des évêques, archevêques ou cardinaux du royaume.

Leur costume et leur mitre, qui étaient obligatoirement

d'un tissu simple et uni, ruisselaient de joyaux, de camées et pierreries.

Saint Bernard, qui prêchait l'austérité, s'écriait alors : Est-ce une preuve d'humilité dans un abbé de s'entourer d'un si grand nombre de domestiques, plus qu'il n'en faudrait pour deux évêques ; d'emmener avec lui, comme un seigneur châtelain ou un prince, quarante chevaux, d'emporter, toutes les fois qu'il s'éloigne de quatre lieues de son couvent, du linge de table, des plats, des coupes, des flambeaux, des tapis et de la literie, comme si l'on ne pouvait pas boire dans le même vase avec lequel on verse de l'eau sur ses mains, comme si un seul domestique n'avait pas le temps de mener le cheval à l'écurie, de servir à table et de faire le lit. » (1).

La mort.

Quand un bénédictin se sentait gravement malade, il se rapprochait, autant que possible, de Saint-Denis, son cimetière.

Sur le point de mourir, le prieur lui donnait l'absolution, et il était porté par deux frères devant la communauté pour recevoir le sacrement de pénitence. A genoux et prosterné, il s'accusait de tout ce qui lui pesait sur la conscience et demandait son pardon. Tous les religieux répondaient amen.

Les deux frères le reconduisaient ensuite dans son lit, suivis d'un prêtre, en froc et en étole, et d'autres religieux por-

(1) F. d'Ayzac.

tant l'encens ou les saintes-huiles, la croix, le rituel et des cierges allumés.

La communauté suivait sur deux rangs. Vivant, on lui rendait déjà les honneurs des morts.

Sur son lit, il recevait l'extrême-onction et la communion.

Puis, un cierge allumé entre les mains, il baisait la croix, la dernière espérance, *spes unica*, et donnait l'accolade à tous les religieux présents, en commençant par le plus âgé.

Un moine restait auprès de lui, ayant à ses côtés l'appareil du service mortuaire, et lui plaçait devant les yeux le Christ pour lui donner force et courage, lui montrer la mort comme une délivrance.

Dès que l'agonie arrivait, deux frères lais le tiraient du lit, l'étendaient sur un cilice semé de cendres, en forme de croix, et attendaient son dernier soupir.

Quand ils pensaient que la fin était proche, l'un d'eux allait frapper le timbre sinistre, qui ne retentissait qu'en cas de mort ou d'incendie, et tous les religieux accouraient.

Les moines entouraient alors le mourant et entonnaient le Credo et récitaient les prières funèbres.

L'agonisant mort, les cloches de l'église se faisaient entendre trois fois, annonçant que l'âme d'un de ses frères était rentrée auprès de Dieu.

Le corps, aspergé d'eau bénite, est transporté dans la chambre, et, sur la table des morts (1), est lavé à l'eau chaude, de la tête aux pieds, par deux religieux qui lui bouchent les narines, les oreilles, la bouche, etc., tout en chantant les

_____

(1) Labour dit qu'il y avait dans l'abbaye la chambre et la table des morts.

prières des morts, lui font revêtir la longue tunique de laine, lui ceignent les reins de la ceinture de peau de bœuf noir, lui chaussent les pieds de sandales de laine, ouvertes à l'extrémité pour laisser passer les doigts, lui cachent le visage du capuchon cousu de chaque côté, lui croisent les bras sur la poitrine, l'enveloppent du suaire solidement serré, et, enfin, le déposent dans le cercueil ouvert et porté bientôt à bras à l'église, où il reste exposé.

Après l'office des morts, célébré en grande pompe, le cercueil, accompagné de tous, était porté dans sa tombe, creusée d'avance.

A ce moment, tous les fronts s'inclinent et toutes les voix, dans des chants sacrés, réclament la miséricorde d'en haut pour le bienheureux qui reçoit une dernière fois l'encens et l'eau bénite, et dont le cercueil est ensuite cloué.

Le prêtre fait le signe de croix sur la tombe, y jette trois pelletées de terre, en disant : « Je suis la résurrection et la vie..... Quiconque croit en moi, ne mourra jamais. »

La tombe recouverte, les cloches se taisent et tout rentre dans le silence.

A l'abbaye, surtout, cette cérémonie était imposante.

Plus tard, on gravait sur la pierre de la tombe les qualités du moine, les principaux actes de sa vie et la date de sa mort.

Pendant trente jours, une croix était mise sur la table, à sa place, au réfectoire, comme aussi sa portion de légumes et de pain qui était donnée, après chaque repas, aux pauvres.

Trente messes étaient célébrées, à son intention, dans toutes les maisons de l'ordre, et une à son anniversaire.

Le monde vaut-il mieux que la vie du monastère ?

LES BIENS DES MOINES DE SAINT-DENIS
A MESONCELLES-EN-BRIE

———

En 1584, nous trouvons dans l'état de la Mense abbatiale de Saint-Denis (1), affermés 5,237 l. 8 sols, par le Cardinal de Guise :

La terre et seigneurie de Mesoncelles,
Les bois de la seigneurie de Mesoncelles,
Les étangs,
Les loges Saint-Denis,
Villiers-sur-Rongnon-en-Brie,
Foy-le-Chastel,
Couppevroy,
Le fief de Fleury,
Le fief de Bellassise-en-Brie,
(2 tiers froment, 2 tiers avoine).
Le bois du Tremblay,
La terre de Préfossés, près Coulommiers-en-Brie,
(A 2 muids de froment et 15 septiers d'avoine, mesure de Coulommiers.

Pour se rendre compte de la valeur attachée à une somme

1) Reg. man. des Archives de France, cote B. LL. 1319.

d'argent même encore aux xvᵉ et xvıᵉ siècles, comparative-
ment à nos jours, il faut multiplier cette somme par 40. Ces
5,237 livres 8 sols feraient donc aujourd'hui environ :
209,488 fr.

La journée de l'homme était alors de 2 sous et il était
nourri.

Maintenant, elle est de 4 fr. et il n'est pas nourri.

Avec 2 sous et la nourriture, l'ouvrier était donc plus payé
qu'aujourd'hui.

A la fin du xvıı· siècle, les biens des moines ont considéra-
blement augmenté à Mesoncelles.

En 1697, la Châtellenie, terre et Seigneurie de Mesoncelles,
Villiers-sur-Rongnon-en-Brie, avec haute, moyenne et basse
justice, cens, rentes, lods, ventes, dixmes, champarts, etc.,
·consistait en :

La ferme du château, décrite plus loin ;

La ferme de la Loge-au-Bailly, ou Grande Loge, merveille
de la Brie agricole, toute en briques et pierres de taille, en
forme de quadrilatère, ressemblant plus, avec ses quatre
pavillons d'angle, ses douves, ses ponts-levis, à un immense
château imposant qu'à une ferme.

Elle fut reconstruite, en 1683, et reportée plus à l'ouest, en
plein sur la grande route. Il fallait passer sous ses hautes
voûtes et la traverser dans toute sa longueur, et, pour laisser
le passage libre, les ponts-levis des deux extrémités ne
devaient être levés, le soir, qu'à partir d'une certaine heure.
Plus tard, afin d'éviter une pareille servitude, on fit une route
à côté.

Tout y est grand. On sent qu'elle s'inspira de son voisin le
château de Coulommiers, dont les plans servirent à la construction du Luxembourg.

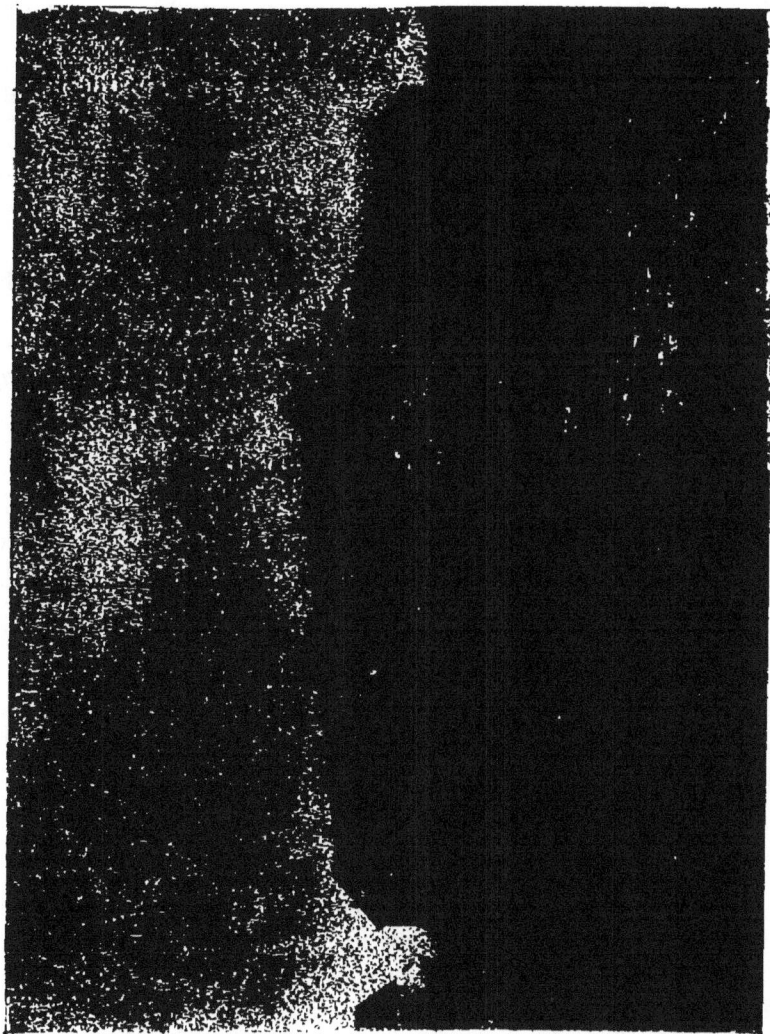

LA LOGE-AU-BAILLY OU GRANDE-LOGE

C'est en effet après les visites d'Anne d'Autriche et de Louis XIII, au château de Coulommiers, que le Luxembourg fut commencé (1).

Les charpentes de la Loge au Bailly sont extraordinaires. Des Bénédictins seuls pouvaient faire aussi beau.

La ferme de la Loge-aux-Moines, ou Petite Loge, également très vaste et très remarquable ;

La ferme de la Borde-Cerqueux ;

La ferme du Chemin ;

La ferme des Prés-Fossés avec sa grange-aux-dixmes, entre Château et les bois de Morillas, sur le bord du chemin de Coulommiers à Morillas ;

Cette grange est détruite, mais, sur son emplacement, la terre est meilleure encore qu'ailleurs ;

La ferme de La Motte, fortifiée comme la ferme du Château, la grande et la petite Loge, comme, en général, toutes les fermes abbatiales ;

---

(1) Le château de Coulommiers, construit en 1613, par Catherine de Gonzagues, duchesse de Longueville, sous la conduite du célèbre architecte du Ry, fut démoli en grande partie en 1736, par Ch. Louis d'Albert, duc de Chevreuse, qui le trouvait trop lourd d'entretien. Il avait coûté 6 millions.

Il fut confié aux Capucins qui y entretinrent surtout la vaste chapelle et les communs où ils firent leurs cellules.

Avec cette chapelle et ces communs, il ne reste guère que les deux pavillons d'entrée aux superbes sculptures.

Cette ancienne demeure princière, vendue par le duc de Luynes aux de Montesquiou, en 1778, appartient aujourd'hui à un riche industriel, M. Abel Leblanc, qui, respectueux du passé, en tira le meilleur parti. Il s'appliqua à embellir le parc et les jardins et fit construire un élégant pavillon en avant de la cour d'honneur.

Puis tous les étangs de Sourcières, c'est-à-dire :

Le grand étang de la Loge ;

L'étang de la Loge-au-Bailly ;

L'étang de Villiers ;

L'étang de la Porte ;

L'étang de la Calabre ;

L'étang du Chesnoy ;

L'étang Neuf ;

L'étang de Morillas ;

L'étang de Viarnois ;

L'étang de Laune ;

L'étang d'Artus ;

L'étang du Commandeur ;

Cinq cents arpents de bois, dont la plus grande partie était à Morillas ;

Un arrêt du Conseil d'État portait règlement, à 25 ans, des coupes dans les bois de Mesoncelles, et un autre arrêt du Conseil d'Etat, de 1737, permit aux Religieux de l'abbaye de Saint-Denis de faire opérer la coupe du quart en réserve de ces mêmes bois pour achever les bâtiments de leur abbaye, dont le rétablissement avait été commencé 37 ans auparavant et qui était à peine à moitié (1).

En 1700, l'abbaye de Saint-Denis fut entièrement reconstruite. On n'eut pas, toutefois, à toucher à la basilique.

Les dixmes et champarts de Mesoncelles, Villiers, la Haute Meson, Lespinette et autres lieux ;

Une redevance de trois muids de blé et avoine à prendre sur l'abbaye du Châge ;

(1) Ministère des Finances. Eaux et Forêts. Reg. 26-37.

8.

Les terres et fiefs de Grez-les-Neele, près Rosoy et de Fleury, paroisse de Courpalay ;

Le greffe et le tabellionnage de tous ces lieux, domaines et revenus de ces seigneuries, droits venant de l'ancien domaine de Saint-Denis ;

Les fiefs du Coulombier, de Meroger, de Chantemerle, reçus de Messire de Boissy, seigneur de La Tombe, et Guillaume Lajus, en échange des bois des Rondeaux ;

Les fiefs de la Marnière-Lucas ;

De la Prée et d'Aulvers, consistant en maisons, bâtiments, terres labourables, prés, bois, cens, rentes, lods, ventes, dixmes et autres droits et revenus acquis par le seigneur cardinal de Rez, au prix de 31,600 livres ;

Les droits et profits des fiefs de Mareuil, Magny, Saint-Loup, Poincy, Coupevray (1) et autres mouvants de ladite terre ;

L'étang de Francheville avec les deux fourrières, les pastures, les aunaies et toutes dépendances, etc., qu'au XVe siècle Philippe de Gamaches donnait à l'abbaye de Saint-Denis pour l'entretien d'un calice et des burettes d'or, des chambles, des nappes, des aubes et des corporaux (2) ;

La terre de Loupillon, consistant en cent quatorze arpents de terre, prés, bois, étangs ou fourrières, pastés, avec l'emplacement de l'ancienne ferme, maintenant en ruines, affermés par bail emphythéotique (pour cent ans), 90 livres ;

La terre du Parc-aux-Bœufs, de cent cinquante-deux arpents de terres et bois à la Haute Maison, affermée par bail emphythéotique à 60 l.

(1) Château appartenant aujourd'hui à Mme la duchesse de Trévise.
(2) Archives nat. (Abbaye de Saint-Denis).

Ou est étonné de voir tant d'étangs dans la châtellenie, terre et seigneurie de Mesoncelles.

Mais on en a l'explication en se rappelant que l'arpent d'étang se louait presque le double de l'arpent de terre.

Paris ne pouvait pas avoir alors, comme aujourd'hui, du poisson de mer.

Il fallait se contenter du poisson d'eau douce qu'on pouvait encore y amener frais en voiture.

De ces étangs était tiré un grand produit.

De plus, la loi du maigre était autrement observée qu'aujourd'hui.

On mangeait beaucoup moins de viande et plus de poisson.

L'étang de la Calabre était très renommé pour ses poissons.

En 1336, l'abbé de Saint-Denis, Guy de Chatres, fit curer et repeupler le grand vivier de l'abbaye, situé dans l'intérieur de l'abbaye même, avec des poissons transportés du vivier de la Calabre, de la terre et seigneurie de Mesoncelles, moyennant 8 livres 85 sous (1).

Non seulement les moines conservèrent leurs étangs avec soin, mais en creusèrent de nouveaux.

Ils avaient leurs bateaux et leurs pêcheurs à qui ils donnaient une gratification tous les ans, 60 sols par personne.

Malheureusement, l'hiver de 1677 fut si rigoureux que tous les poissons furent étouffés dans les glaces. Il fallut repeupler les étangs.

Aujourd'hui, presque tous ces étangs de Mesoncelles sont à

---

(1) Registre manuscrit des Archives de France. Cote B. LL., 1319.

sec, comblés, nivelés, drainés, ils font place à de grasses prairies, à de fortes terres à blé.

La chasse n'était pas moins belle que la pêche.

« Ce lieu, dit Dom Doublet, n'est non plus sans lièvres,
lapins et autre gibier que la mer est sans poissons. »

Il est vrai que de tout temps la chasse y fut gardée.

Charles IX, dans des lettres patentes, faisait défense aux
habitants d'avoir chez eux des « arbalestres, arcs, haguebuses,
collets, fillets, tonnelles, bricolles alliez, furets et autres engins,
de tendre des nœuds coulants ou brocollor soit par ploume ou
par poil, de laisser entrer dans les bois ou la plaine des chiens
qu'ils n'ayent un billot ou baston pendu au col et un jarret de
darrier couppé. » (1).

Aujourd'hui encore cette contrée, entre Paris et Coulommiers, en passant par Gretz, Armainvilliers, Tournant, Bois-
Boudran et autres terres des plus riches et des plus puissants
du jour, est bien la plus giboyeuse de France.

La forêt du Méans ou Mans et les bois de Morillas ou de
Mesoncelles formaient son extrémité sud, étaient de grandes
réserves à gibier.

On y trouvait des cerfs et des daims, et leurs peaux servaient à la reliure des manuscrits et livres des bibliothèques de
l'abbaye.

Les abbés Renaud de Giffard et Philippe de Vilette en
employèrent de grandes quantités. Elles arrivaient à Saint-
Denis, à dos de mulets. Après avoir été « fardées », elles
entraient au « scriptorium » à l'état de parchemin.

Cette forêt du Mans passa, au XVIIe siècle, mais fort

(1) Dom Doublet, Ant. 1179.

réduite, aux de Chaulnes, et la duchesse de Luynes l'appelait dédaigneusement sa « broussaille », bien qu'elle ait toujours été une forêt magnifique et d'une grande valeur.

Elle appartient aujourd'hui à la baronne de Lareinty, marquise de Tholosan, née Sabran-Luynes, femme et belle-fille des courageux députés de la Loire-Inférieure.

Elle habite là le château de Guermande, où elle fait tout le bien qui est en son pouvoir.

Certaines acquisitions se faisaient alors par déshérence.

Des biens restaient incultes, abandonnés ; ils pouvaient être réclamés par le premier occupant.

Voici une sentence de 1698 réunissant au domaine de Mesoncelles certaines pièces de terre en déshérence (1) :

Sentence

« A tous ceux qui ces présentes lettres verront Claude Henry, avocat en parlement, bailly civil et criminel du baillage Chastellenie et Pairie des Loges Saint-Denis et Mesoncelles pour Messeigneurs des dits lieux, salut, sçavoir faisons que veu la requeste à nous présentée par les Religieux, Grand Prieur et Couvent de l'Abbaye Royale de Saint-Denis-en-France, Seigneurs hauts moyens et bas Justiciers, Censiers, Voyers et Decimateurs de la Chastellenie, Terre et Seigneurie des d.

(1) Archives nationales, chambre E, 10ᵉ table de la 13ᵉ travée, 11ᵉ boëte.

Loges Saint-Denis et Mesoncelles estant de la Manse de la dite
Abbaye a ce qu'acte leur soit donné de ce que procedant à la
confection du papier Terrier de la d. Terre et Seigneurie de
Mesoncelles, il ne s'est trouvé n'y présenté aucun propriétaire
n'y détempteur des vingt six pieces d'heritages, tant maison
masure, jardins, terres labourables et pres sises sur la dite
Terre et Seigneurie de Mesoncelles énoncées en la dite requeste,
et en conséquence qu'il leur soit permis faute par les particuliers d'avoir passé déclarations des d. heritages payé les droits
seigneuriaux deubs par Iceux, et attendu qu'ils sont habandonnez de s'en emparer et de les reunir à leur Domaine de la
dite Terre pour par eux en jouir en tout droit de propriété
faire et disposer comme ils aviseront bon estre : Desquels Maison, Masure, Jardins, Terre et Prés la Teneur suit :

(Ici l'énumération, avec dessins, de 26 articles, maisons,
pièces de terre, près, etc., le tout sis à Mesoncelles).

. . . .

Vœu aussi les lettres patentes en forme de Terrier accordées
par Sa Majesté aux dits Seigneurs Religieux de Saint-Denis,
le sixieme jour de mars 1683, addressantes à Nosseigneurs des
Requestes du Palais à Paris, la sentence de nos dits Seigneurs
d'enterinements des d. lettres et plusieurs autres pieces atta-
chées à la dite Requeste signée Le Cœur leur Procureur fiscal
de la d. terre seigneurie de Mesoncelles, Tout veu et considéré,
Nous faisons droits à la dite Requeste, avons donné acte au
d. Seigneurs Religieux de ce qu'ils ont déclaré que dans la
perquisition par eux faite, lors de la confection du Terrier de
leur dite terre et seigneurie de Mesoncelles, il ne s'en trouve
ny présenté aucuns propriétaires ny detempteurs des 26 pièces de maison, masure, jardins, terres labourables et prez,
sont et les avons reunys comme terres et heritages vacants et

habandonnez au domaine de la dite Terre et Seigneurie de Mesoncelles, et en conséquence permis aux dits Seigneurs Religieux de s'en emparer et mettre en possession, en jouir et disposer en tout droit de propriété, ainsy qu'ils aviseront mesme d'en percevoir les fruits de la présente année sans préjudice aux dits Seigneurs a leurs droits actions et prétentions aux arrérages des cens et droits seigneuriaux dont lesdits heritages sont chargés envers eux et pour que notre présente sentence soit notoire au publicq, Disons qu'elle sera leüe et publiée au prosne de la messe parroissiale du d. Mesoncelles un jour de dimanche et exécutée non obstant opposition ou appellations quelconque et sans préjudice d'icelles. Fait et rendu par nous Nicolas Raoul, lieutenant civil et criminel du d. Baillage Chastellenie et Pairie de Mesoncelles, le jeudi 27° jour de novembre 1698.

« Signé : CAMUS. »,

Plus bas est écrit :

La présente sentence a été publiée et lue au prône de la grande messe paroissiale de l'église de Mesoncelles-en-Brie, par nous prestre, curé de ladite paroisse, le dimanche septième décembre 1698.

Signé : L. COLLEAU, curé.

Le 15 février 1699. Voici la déclaration des religieux de Saint-Denis, du Terrier de Mesoncelles (1) :

Je voudrais la donner toute entière, dans tous ses articles, dans toutes ses désignations, dans tous ses « lieux-dits », car

(1) Archives du Royaume, sect. domaniale. Bulletin 3179.

elle est bien, pour ainsi dire, le cadastre et le plan de Mesoncelles, mais elle forme un volume à elle seule, et force m'est
de l'abréger dans ses détails.

Extrait du Terrier des Loges-Saint-Denis et Mesoncelles,
daté au commencement du 21 avril 1697, ainsi qu'il appert
page 22 du dit Registre Terrier, en parchemin, reçu et signé
jusques et y compris le fol. 567, par Camus, Tabellion de la
chastellenie et pairie de Mesoncelles.

« C'est la déclaration que joignent au présent Terrier MM. les
« religieux, Grand Prieur et couvent de l'abbaye royale de
« Saint-Denis-en-France, seigneurs de la Chastellenie, terre et
« Seigneurie des Loges-Saint-Denis et Mesoncelles-en-Brie, de
« tout le domaine qu'ils possèdent actuellement dans l'étendue
« de la seigneurie, sur les paroisses de Mesoncelles, la Haute
« Mesón, Pierre Levée et Giremoutiers, tant en terres labou-
« rables, prés et pâtures que bois et étangs ; ensemble des
« héritages qu'ils possèdent par déshérence et comme biens
« abandonnés, le tout ainsi qu'il sera dit ci-après, et présentés
« par le Révérend Père Dom François de Rez, prêtre, religieux
« et célerier de ladite abbaye, suivant et conformément, savoir :
« pour le domaine des Loges-Saint-Denis et dépendances, à
« l'arpentage général qui en a été fait par Claude Lescuyer,
« Voïer général de ladite abbaye et expert-juré-priseur et
« arpenteur du Roy en titre d'office, en l'année 1696, et ainsi
« qu'en jouissent actuellement les dits seigneurs ; pour le
« domaine du château de Mesoncelles, à l'arpentage et borne-
« ment qui en vient d'être fait à leur requête, parties intéres-
« sées duement appelées par le dit Lescuyer, comme appert
« par son procès-verbal du onzième octobre dernier et jours
« suivants ; pour le domaine de la terre et seigneurie de

« Lamotte, suivant le dit arpentage général, et qu'ils en sont
« aussi en possession ; et pour les terres et héritages qu'ils
« possèdent comme biens abandonnés, en l'état qu'ils ont été
« trouvés lors du dit arpentage général, aux protestations
« néanmoins que fait le dit Dom François de Rez, que la pré-
« sente déclaration ne pourra nuire ni préjudicier aux dits
« sieurs religieux pour les héritages sur eux usurpés, pour
« le recouvrement desquels ils se réservent à en faire leur
« demande, ainsi qu'ils aviseront bon être; desquels domaines
« la teneur suit » :

Les Loges-Saint-Denis, anciennement la Loge au Bailly, et
à présent les Grandes Loges, à la différence des Petites Loges,
dont sera parlé cy-après :

Là ferme ou château qui est le chef-lieu de la dite seigneurie des Loges-Saint-Denis, appelées à présent les Grandes Loges
basties à neuf, sis partie sur la paroisse de la Haute Maison,
et l'autre partie sur Pierre Levée, consistant en plusieurs
corps de logis, écuries, granges, bergeries, vacheries, toits à
porcs, colombier au-dessus d'une des deux grandes portes de
la dite ferme, cour entourée des dits bâtiments, dans lesquels
il y a six pavillons qui font saillie par dehors, ponts-levis à la
sortie des deux grandes portes, fossés en partie autour des dits
bâtiments, etc., etc., et de attenant 320 arpents environ de
terres labourables et prés (1).

(1) Noms cités : Gruyé, Protet, Catherine Bourgeot, Mlle Thierry,
des Fossés, Jeanne de Guiborat, François du Rivet de Rouville, Louise
Cosset, Nicolas Houdet, propriétaires, Guichard, fermier de la Grande
Loge (1698), Claude Berthereau, notaire à Coulommiers (1676), Tristan
Perier (2), procureur au châtelet (1690) Opoix, tabellion à Guérard
(1685), Denis Camus, tabellion de Mesoncelles (1690).

(2) Ancêtre de M. le Président de la République, Casimir-Perier.

Domaine de la Petite Loge ou la Loge-aux-Moines.

Une ferme appelée la Petite Loge, sise en la paroisse de la Haute Maison, de la Seigneurie et Chastellenie des Loges-Saint-Denis, consistante en un corps de logis, deux granges, l'une nouvellement bâtie, écuries, vascheries, bergeries et toits à porcs, coulombier, jardin clos de murailles, cour, pâturages, le tout enclos de fossés, etc., etc., et de attenant 520 arpents de terres labourables, prez et garenne (1).

S'ensuivent les autres étangs (ou terres) dans l'étendue de la dite seigneurie :

L'Etang neuf, 16 arpens et demi.

L'étang de Laporte, 27 arpens un quartier.

L'étang de la Calabre, 40 arpens.

L'étang du Chenet, 4 arpens 30 perches.

L'étang de Francheville, 68 arpens et demi.

L'étang de Morillas, 38 arpens et demi.

Un carrefour, la moitié d'un arpen.

La Petite Sourcière de l'Epineuse, 5 arpens 82 perches.

La Grande Sourcière de l'Epineuse, 16 arpens et demi.

L'étang du Commandeur, 18 arpens et demi.

Le grand étang de Saint-Denis, 215 arpens.

L'étang du moulin, 20 arpens.

Deux arpens en pâture.

L'étang du Viarnois, 20 arpens 1 quartier.

La Petite Sourcière de l'Aune, 4 arpens 1 quartier.

L'étang Artus, 4 arpens 8 perches.

(1) Noms cités : Jean Jama, fermier de la Petite Loge (1698), Pinson (1682).

Soit plus de 500 arpens d'étangs, terres ou pâtures (1).

S'ensuivent les bois dans l'étendue de ladite seigneurie :

Le Bois du Viarnois, 110 arpens 87 perches.

Le Bois fermé, 56 arpens.

Le Petit Bois d'Harcerie, 8 arpens et demi.

Le Bois des Boulleaux, 7 arpens 70 perches.

La Grande Pièce du Parc-aux-Bœufs, 30 arpens.

La Petite Pièce du Parc-aux-Bœufs, 7 arpens 37 perches.

Le Bois de la Petite Loge, 40 arpens.

La garenne de la Petite Loge, 10 arpens 12 perches.

Le Grand Bois d'Harcerie, 21 arpens.

Le Bois des Pourpres, 8 arpens 10 perches.

Le Grand Bois de Morillas, composé du Bois Picot, 120 arpens 64 perches, du Bois des Fresneaux, 93 arpens 4 perches, et de la Vente Carrée ou des Bois des Cornées, 108 arpens.

Soit 630 arpens de bois.

S'ensuit le château et domaine de Mesoncelles :

Le lieu Seigneurial et château de Mesoncelles, consistant en un grand corps de logis de plusieurs travées à double étage et en croupe, deux granges, dont l'une bâtie nouvellement, vascherie, bergeries, toits à porcs, écurie, colombier au milieu de la cour, un pavillon à neuf, cour close des dits bâtimens et de murailles où il y a deux grandes portes, jardin derrière, carré d'eau entre le jardin et la garenne, petits étangs au-dessus du dit carré d'eau, terres labourables et pâturages avec

_____

(1) De Rouville, Mlle Thierry, F. Benoist, V. Pierre Penet, Robert Morel, dit Pape.

la garenne derrière, qui est en réserve, tenant d'une part du midi au chemin de Montbenard à Prefossé, d'autre part au chemin de Mesoncelles à Coulommiers par la flache, d'un bout d'orient au chemin de Mesoncelles à l'étang de Morillas, et d'autre bout à la rue allant de l'église à Lamotte, appelée la ruelle de La Morelle.

Vient de l'acquisition faite de Christophe-François de Boissy, seigneur de la Tombe et Guillaume Lajus, par contrat passé par devant de Monthenaut et son compagnon, notaires au Châtelet de Paris, le 27 février 1671, décrété au dit Châtelet, sur les dits seigneurs, le 25 mai 1672, enregistré et scellé le 4 juin au dit an, à l'exception néanmoins du petit étang qui est le long du chemin allant à l'étang de Morillas, lequel est de l'ancien domaine de Prefossé. Le tout de 280 arpens environ (1).

S'ensuit le château ou ferme de La Motte, terres et domaine en dépendans, où est compris les anciennes fermes de Beauvais et de Champbernard :

Le château ou ferme de La Motte, sise en la paroisse de Mesoncelles, avec trois cent quatre-vingt-seize arpents quatre-vingt-neuf perches de terres, près, bois, hayes, étangs, fossés, friches et acruës, le tout en un gazon à présent séparé en dix

---

(1) Noms cités : Mlle La Guillaumie (1699), Planchon, tabellion à Mesoncelles (1675), Noël Penet, Pierre Beaurepaire, Jean Bernard, Jacques Le Marié, curé de Mesoncelles (1674), Pierre Penet, Vincent Marot, Mlle Gibert, d'Espinas, de Montblin, Mlle Guérin, Seguin, Benoist, Ant. Martin, Simon Mallé, Louis Poudrier, F. Caillot, Le Pelletier, Léger, Laurent, Varlet, C. Gavelli, Lefebvre, El. Noslin, J. Marlay, Desnols, notaire à Paris (1681).

articles, comme il sera dit cy-après, haute, moyenne et basse justice et fourches patibulaires.

Château ou ferme consistante en un grand corps d'hôtel, granges dont une de treize travées, bergeries, écuries, vacherie, colombier à pied, cour entourée des dits bâtiments, fossés autour d'iceux, pont-levis pour entrer esd. lieux, pâtures aux deux côtés, bois et hayes derrière.

S'ensuivent les héritages appartenant aux dits seigneurs, par droit de déshérence, comme biens abandonnés, environ 15 arpents.

La présente déclaration signée de Dom François de Rez, Colleau, curé, Macé et Camus (1). Ces Camus ont formé long-temps toute une famille de tabellions.

En 1704, Pierre Guyot, marchand à Mesoncelles, achète par contrat devant Camus, de J.-B. Guichard, receveur de la terre de Mesoncelles, l'office de syndic principal de la dite paroisse, en remplacement de Jean Gonnet et, en 1710, le greffier du bailliage et Chastellenie et Pairie de Mesoncelles et des Loges-Saint-Denis était J. Roze, ancien praticien nommé en remplacement de feu Denis Camus, dont le bail avait été continué par François Camus, son fils.

---

(1) Noms cités : Antoine Garnier, Pierre Le Roy, Pierre Dufey, Simon Mallé, Ch. Robert, Et. Molin, Louis Poudrier, Potet, Pierre Penet, Mlle La Guillaumie, Jacques Gaudin, Mlle F. Benoist, Est. Dinomant, Toussaint, Santereau, Ch. Caillot, Jacques Marlay, Vᵉ Gibert, Mlle Gibert, Vᵉ Richer, Et. Reboullé, Abel Galle, Ch. Le Roy, avocat, Pierre Le Duc, L. et Ch. Lesguillon, Denis Philippot, Le Pelletier, Léger, de Montblin, Pierre Margouillier, Et. Rimbault, Sʳ de Narbonne, Pierre Paris, Blouy, Everard, Moreau, Blesson, Friquenot, Saint-Remy.

François Camus, ancien greffier et tabellion du bailliage demeurait à la Chapelle-sur-Crécy, mais il fut condamné à remettre ses minutes au coffre du château de Mesoncelles.

Baux.

Après l'énumération des biens des moines, consentis à leurs fermiers, donnons copie d'un des baux, le dernier par exemple.

Le dernier fermier des moines de la ferme du château de Mesoncelles — (son bail est de 1786) — fut Charles-Claude-René Cinot qui, de simple laboureur, devint promptement millionnaire. Si la Révolution qui va éclater dépouille ses maîtres, elle l'engraisse singulièrement.

C'est que Cinot est un avisé, surtout dans la tourmente (1).

Voilà au moins un homme du peuple à qui servit la Révolution.

Les descendants de Cinot furent les plus importants propriétaires de Mesoncelles. Un de ses héritiers, possède, là seulement, plus de mille arpents de terre. Mais il faut lui rendre justice : il a les millions modestes. Il aurait pu déserter la campagne, prendre, comme tant d'autres, le nom d'une de ses terres, — celui qui sonne le mieux, — chercher à éclabousser, aux Champs-Elysées, le provincial et l'étranger admirant ses chevaux et ses voitures aux armoiries compliquées, flanquées de deux moines en support ; il pourrait être député, sénateur — non, il préfère vivre tranquille dans ses grandes

(1) Voir aux Archives nationales, les titres de l'Abbaye de Saint-Denis et les éclaircissements fournis par M. Bayard père, 1791-1805.

propriétés. Il fait donc preuve d'intelligence, et s'il est aussi généreux que riche, paix à son aïeul.

Bail de la ferme du château de Mesoncelles passé par les Religieux de l'Abbaye de Saint-Denis, 9-20 mars et 10 avril 1786.

Par devant les notaires à Paris soussignés,

Furent présents : Pierre-François Boudier, grand-prieur; Michel-Louis-Joseph Laly, souprieur; Charles-Michel Haudiquer, doyen; Jacques Dubuat, Louis-Michel Marion, Edmon Bataillon, Pierre-Philippe Brougniard, Henry-Bonnaventure Charlary, François-Simon Brillet, Nicolas-Robert Boniface, Jean-Charles Foyart, Louis-Maurille Turpin, Alexis-Joseph Petillon, Guillaume-Louis Laforcade, André Labbat, Antoine Lhotte, Pierre-François-Marie Stopin, Urbain Leducq, Pierre Dieuzy, Jacques-Fidel Brunet, François-Nicolas Mouchard, Jean-Baptiste Thiron, Louis-Gabriel Foret, Pierre-Joseph Warnet, Cœlestin-Joseph Robache, Jean-Baptiste Cumont, Pierre-Nicolas Bourgoin, André Derchain, Nicolas Ridoux, Claude-Jean-Martin Lefort, tous religieux de l'abbaye de Saint-Denis en France, assemblés en la manière accoutumée.

Lesquels ont par ces présentes baillé et délaissé à titre de fermé et prix d'argent, pour neuf années et neuf dépouilles entières et consécutives finies et accomplies, qui commenceront sçavoir : pour les jachères, en l'année mil sept cent quatre-vingt-sept, ensemencées en l'année mil sept cent quatre-vingt-huit, et faire la première dépouille en l'année mil sept cent quatre-vingt-neuf, et promis faire jouir audit titre pendant ledit temps.

A Charles-Claude-René Cinot, laboureur à Maisoncelles, y demeurant ordinairement, étant ce jour, à Paris, logé à l'hôtel du Saint-Esprit, rue du Monceau et paroisse Saint-Gervais, à ce présent et acceptant preneur et retenant pour lui audit titre pendant ledit temps.

De toutes lesquelles choses, le preneur s'est tenu et se tient pour content, ayant une entière connaissance de ladite seigneurie, comme la faisant valoir actuellement.

Le présent bail est fait aux conditions suivantes, savoir : de faire exécuter bien et duement la Justice, tant ordinaire qu'extraordinaire, de ladite Seigneurie par les officiers d'icelle, payer leurs gages accoutumés, savoir : au Bailli, la somme de Dix livres, pareille somme au procureur fiscal, pour suivre les procès criminels à leurs frais et dépens jusqu'à sentence définitive, le surplus étant à la charge desdits bailleurs; appartiendront, néanmoins, audit preneur toutes les amendes qui seront prononcées, à l'exception, toutefois, de celles adjugées par le fait agruri et encore celles auxquelles ledit preneur et son fermier pourra être condamné par les officiers de ladite Seigneurie, plus de recevoir lesdits officiers et autres le jour des assises et plaids généraux qui se tiennent ordinairement le jeudi dans l'octave de la Pentecôtes, les défrayer et payer leurs vacations, ainsi qu'il est accoutumé, tenir les portes ouvertes dudit château toutes fois et quant lesdits Bailleurs et leurs gens y voudront aller, auxquels ledit preneur sera tenu de fournir les vivres dont ils auront besoin, même à leurs domestiques et chevaux, recevoir aussi à ses frais et dépens les officiers de la Maîtresse de Crécy, lorsqu'ils iront faire le martelage des Bois desdits Bailleurs, payer par ledit preneur en l'acquit desdits Bailleurs au Curé de Maisoncelles, pour son gros et augmentation d'icelui, la quantité de vingt septiers de bleds et dix septiers d'avoine, mesure de Saint-Denis, tels qu'ils proviendront desdites Dixmes, et ce, au jour de Saint-Martin d'hiver, de chaque année, et la somme de cent livres au jour de Noël suivant, et desdites charges en rapporter annuellement quittance auxdits bailleurs, entretenir le colombier de pigeons et le laisser garni et peuplé à la fin desdites neuf années, souffrir faire les grosses réparations ès-dits lieux sans pouvoir demander par ledit preneur aucune diminution dudit prix cy après, et des autres charges du présent bail, fournir par ledit preneur tous les charrois qu'il conviendra faire tant pour les grosses réparations que pour les augmentations nécessaires à ladite ferme, labourer, fumer, cultiver et ensemencer lesdites terres, selon les sols et saisons convenables sans les surcharger, dessoler ni dessaisonner, convertir les feurs et pailles en fumier pour en fumer et amander lesdites terres, prés et foin, et laisser les fumiers la dernière année du présent bail *au fermier* qui lui succédera, entretenir les prés nets et en bonne nature de fauche, abattre les taupinières, écarter et arracher les épines et buissons qui sont et croîtront ès-dits prés, même le pré Bingard qui est au bout des pâtures de l'Etang du Pré-fossé et celui qui est autour de l'étang du Milieu pour rendre tous lesdits prés en bonne nature de prés à faux courante, en fin dudit bail à peine, etc., planter les Jardin et Clos dudit Château d'arbres fruitiers, tant pruniers, poiriers que fruits à noyaux, et pour cet effet en planter et greffer six par chacun an entretenir les hayes et fossés tant dudit enclos que des terres dépendantes de ladite ferme et les rendre en bon état.

Ne pourra ledit preneur prétendre aucune chose aux provisions et substitutions des officiers dans l'étendue de ladite Seigneurie, non plus qu'au Greffe et Tabellionage dudit Maisoncelles, ni aux confiscations, aubaines, déshérence, main morte, profits de fiefs quints et requints droits et devoirs féodaux, ni aux lods et ventes de quelque nature qu'ils soient, qui pourroient être dus par mutations d'héritages dans l'etendue desdites Seigneuries, à l'exception néanmoins des acquisitions qui pourront être faittes par ledit preneur pendant le cours du présent bail, pour lesquels ils ne payeront aucun droit de lods et ventes auxdits bailleurs, pourvu qu'elles n'excèdent pas chacune ladite somme de Deux mille livres de principal, lesquels promettent en outre au preneur de lui payer deux sous pour livre du prix de lods et vente pour les acquisitions dont il les avertira.

Ne pourra ledit preneur rien prétendre aux étangs, fourcieres, bois, taillis, voyeries, dixmes d'étangs qui seront à dessécher, marais et accrues desdits étangs et autres généralement quelconques qui ne se trouvent pas spécifiés dans le présent bail, toutes lesquelles choses, lesdits bailleurs se sont réservées, comme aussi la boutique à mettre du poisson qui est à présent sur le carré d'eau dudit Château, dont ledit preneur pourra se servir, quand les bailleurs n'en auront pas besoin, et contribuera à l'entretien de ladite boutique.

Sera tenu ledit preneur d'entretenir tous les bâtimens de mêmes réparations suivant la coutume de Meaux, même les fenêtres et portes vitrées, serrures et autres ferrures et les rendre en bon état à la fin du présent bail.

9.

Ne pourra ledit preneur souffrir et empêchera que ses sous-fermiers louent à quelque personne que ce puisse être les pâtures en tout ou partie qui sont ou seront comprises dans leurs soubaux.

Pour des objets ci-dessus signiffiés et déclarés jouir par ledit preneur audit titre de ferme pendant le cours du présent bail aux réserves cy-dessus énoncées.

Ce présent bail fait aux charges susdites, et en outre moyennant le prix et somme de huit mille livres, que ledit preneur s'oblige et promet bailler et payer auxdits bailleurs, leur receveur, procureur ou au porteur des présentes en leur abbaye en deux payements égaux, sçavoir Noël et Pasques de chaque année avec dix douzaines de fromages de Brie au grand moule affinés et non écrémés rendus en ladite abbaye aux frais et dépens dudit preneur, dont le premier terme de payement échoira et se payera au jour de Noël mil sept cent quatre-vingt-neuf, et le second à Pâques suivant, et ainsi continuer ès dits jours d'année en année, tant que le présent bail aura cours, le droit duquel en tout, ni en partie ledit preneur ne pourra céder à qui que ce soit sans le consentement exprès et par écrit desdits bailleurs auxquels il fournira à ses frais la grosse des présentes incessamment, duement enregistrées.

Reconnaissent lesdits bailleurs que les quinze arpents à prendre dans les cent quarante arpents quatre-vingts perches qu'ils se sont réservés tant par le présent que par le précédent bail sont plantés en Bois depuis plusieurs années et qu'ils en jouissent; au moyen de quoi ladite réserve doit être considérée comme ne devant pas avoir lieu, attendu la jouissance dans laquelle sont lesdits bailleurs desdits quinze arpents de bois, pourront lesdits bailleurs faire planter autant d'arpents qu'ils jugeront à propos sur les terres de loupillon dans le cours du présent bail, ainsi que le consent ledit preneur, à la charge de lui tenir compte par lesdits bailleurs, qui s'y obligent, de neuf livres par chaque arpent qui sera planté, et ce, annuellement, jusqu'en fin du présent bail.

A ce faire, fut présente et est intervenue Marguerite-Madelaine Mutelle, veuve de Claude-Nicolas Cinot, laboureur audit Maisoncelles, y demeurante ordinairement, étant ce jour à Paris, logée susdit hôtel du Saint-Esprit.

Laquelle s'est volontairement rendue et constituée caution et répondante solidaire dudit Charles-Claude René Cinot, son fils, preneur, et acceptant par lesdits bailleurs, ce faisant s'oblige envers eux conjointement et solidairement avec son dit fils, sans division ni discussion et sous toutes renonciations aux bénéfices de droit requises tant au payement exacte des fermages ci-dessus qu'à l'entière exécution des autres clauses et conditions du présent bail, à quoy elle affecte, oblige et hypotèque pour ladite solidité tous ses biens meubles présents et avenir.

Car ainsi a été convenu entre les parties, que, pour l'exécution des présentes ont élu domicile en leurs demeures susdites auxquels lieux, nonobstant promettant, obligeant ledit Cinot et la dame sa mère solidairement comme dit est Renonçant.

Fait et passé sçavoir pour ledit sieur Cinot, preneur, et ladite dame sa mère en l'étude les neuf mars et vingt du même mois et pour lesdits bailleurs en leur dite abbaye le dix avril le tout de l'an mil sept cent quatre-vingt-six et ont signé la minute des présentes demeurée au citoyen Petit, l'un des notaires soussignés.

Lequel a délivré ces présentes collationnées sur ladite minute ce jourd'huy vingt-un Germinal de l'an troisième de la République Française une et indivisible (1).

Signé : PETIT.

(1) Noms cités : Ambroise Cinot, Houzé père, Lucas, Coquillon, Proffit Bouton, Guichard, propriétaire de Chantemerle acquis de Gibert, Picard, Hamel, veuve Bernier, Louis Gallois, Pierre Farent, Brochet Sylvain, Louismet Bréda, Miller, Tavernier, Picoult, Selier, Barilland Pierre, veuve Abit, Adrien Boursier, Ronsin, Butté, Houdiard, Houet, Deshors, veuve Houdiard, Conselin, Sulpice Vincent, veuve de Prézenval, Pierre Marais.

LA RÉVOLUTION

Les années 1789, 90, 91 laissèrent les moines impassibles dans leur retraite de travail, de prière, de charité.

Ils avaient fait depuis longtemps abandon volontaire de leurs droits sur l'autel de la Patrie.

Mais voilà qu'un décret de l'assemblée nationale, que leur lit fièrement le grand Prieur, Dom de Verneuil, supprime les communautés, en sécularise les membres et en confisque les biens pour être bientôt mis en vente.

Malgré tout, les Religieux resteront deux ans encore dans leurs murs, prêts à tous les sacrifices, jusqu'au 14 novembre 1792. Ils sont alors chassés de Saint-Denis qui prend le nom de Denis-Franciade.

Tous étaient des administrateurs, des penseurs, des écrivains, des artistes ou des savants.

Beaucoup étaient des vieillards qui avaient occupé soit dans l'abbaye même, soit au loin dans ses dépendances, les plus hautes charges et qui attendaient dans le silence du cloître que Dieu les appelât, reste de générations d'hommes qui, pendant onze siècles, avaient enseigné les peuples, retourné le sol d'une partie de la France désormais mis en valeur et plein de richesses, qui avaient jeté tant d'éclat et de gloire dans les plus brillantes époques de notre histoire.

Les biens des moines vendus comme biens nationaux.

Depuis 1790, c'était partout une orgie de ventes de biens nationaux qu'on avait à vil prix et avec toutes facilités de paiement.

Mesure au fond bien peu démocratique. La Révolution s'est trompée.

Puisqu'elle faisait tant de prendre à ceux qui avaient, elle devait au moins donner à ceux qui n'avaient pas.

J'aurais compris que les biens du clergé, des émigrés et autres fussent distribués également dans chaque commune aux laboureurs et artisans pauvres chargés d'enfants, courageux et travailleurs, s'engageant à les faire valoir. Mais on les a mis en vente.

Ne purent donc les acquérir que ceux qui pouvaient les payer, qui avaient de l'or et de l'argent et qui n'étaient pas intéressants.

L'Etat en tira relativement peu, et ne fit qu'augmenter la bourse de ceux qui l'avaient déjà pleine.

Napoléon était plus démocrate. Il mettait sans hésiter la main sur les biens confisqués ou non, appartenant à l'Etat, et en dotait ceux qui avaient bien mérité de la Patrie.

Les majorats mêmes des maréchaux de l'Empire ne furent-ils pas créés ainsi ?

Cet homme qui avait connu la pauvreté, qui avait souffert, savait récompenser et payer.

Et on ne peut pas dire qu'il n'était généreux qu'avec le bien des autres. Il ne gardait rien pour lui.

Mesoncelles et Louis Bayard.

Mesoncelles et ses annexes, Pierre-Levée, la Haute-Meson, Giremoutiers, Faremoutiers, Saint-Augustin, Courpalay, etc., etc., furent vendus aux différents districts de Meaux, de Rozoy, etc.

Louis Bayard, boucher, entrepreneur de la fourniture de viande de boucherie tour à tour des armées, des hôpitaux et des Invalides, acheta le 31 janvier et le 1er février 1791, moyennant 319,900 francs.

Le château et les fermes de Mesoncelles............	138.500 fr.
L'étang de Morillas (38 arpents 50 perches de terres labourables...................................	23.100
La garenne des Dames (24 arpents de bois séculaires.	16.000
La ferme du Poucet (76 arpents de prés et terres labourables provenant de l'abbaye de Faremoutiers).	42.000
La ferme de Fleury............................	113.300
	319.900 fr.

Le 22 mars 1791 :

Les seize étangs (terres labourables ou prairies), étendue immense (l'étang de Saint-Denis seul a 215 arpents)...................................	150.000
Le 14 novembre 1791 : la ferme de Flagny.........	30.400
Le 20 août 1792, 96 arpents de terre de la ferme des Hermites (abbaye de Saint-Denis, district de Meaux)...................................	41.500
Le 22 thermidor an IV, 48 arpents de terre de la fabrique de Bailly (bureau de Melun).............	31.755 12

Au hasard, nous copions textuellement quelques reçus des trésoriers de l'administration des domaines nationaux :

DÉPARTEMENT
de
SEINE - ET - MARNE

N° 637

BORDEREAU
—

Or..............
Argent..........
Assignats.......
Coupons.........
Monnoie.........

Récépissé 13600.

DISTRICT DE ROZAI
ANNÉE 1793

BIENS NATIONAUX

Je soussigné, Pierre Mahou, trésorier du District de Rozai, reconnois avoir reçu du citoyen Bayard, entrepreneur des boucheries des armées, demeurant à Paris, rue du Gros-Caillou, la somme de treize mille six cent livres. En un récépissé de la Trésorerie Nationale du 8 Brumaire courant à valoir tant en principal qu'intérêt sur 161,305 liv., capital restant au 17 aoust 1793 de 319,900 liv., prix de cinq adjudications à lui faites le 31 janvier 1791 du château et ferme de Maisoncelle, l'étang du Maurial, venant de l'abbaye de Saint-Denis en France, la Garenne de dame, sise à Farmoutier et la ferme du Poncel, sise à Saint-Augustin, venant de l'abbaye de Farmoutier et la ferme de Fleury, sise à Courpalay, venant de l'abbaye de Saint-Germain-des-Prés de Paris, les paiements suivant le bordereau cy au dos et sous la réserve de la prime accordée par le décret des 5 juin et 13 septembre du vieux style.

Dont quittance, sans préjudice d'autres dûs, droits et actions. Fait au Bureau principal de la Recette du District de Rozai, à Rozai, ce quatre novembre mil sept cent quatre-vingt-treize,

L'an second de la République, le quatorze Brumaire.

Signé : MAHOU.

DÉPARTEMENT

de

SEINE - ET - MARNE

N° 225

BORDEREAU

Or...............

Argent..........

Assignats........

Intérêts.........

Mon.oie.........

TOTAL.......

DISTRICT DE ROZOY

ANNÉE 1792

REVENUS DES BIENS NATIONAUX

Je soussigné, trésorier du District de Rozoy, reconnois avois reçu de M. Louis Bayard, entrepreneur de la Boucherie des Invalides, demeurant à Paris, rue Saint-Dominique, municipalité de Paris, section du Gros-Caillou, la somme de seize mille livres à valoir en principal et intérêts sur l'adjudication à lui faite, le 22 mars 1791, moyennant 150,000 liv., de seize étangs sis à Maisoncelle, venant des Bénédictins de Saint-Denis en France, savoir 5,373 liv. 10 sols pour reste des intérêts échus le 22 mars 1792, de 120,000 liv., 16,000 liv., capital restant dû en 1791 ; 2° 10,625 liv. 12 d. 6 sols, à compte dudit capital ; 3° et 11 liv. 17 d. 65 sols pour les droits de timbre et d'enregistrement de la présente quittance. Sur le bordereau d'autre part, ladite somme de seize mille livres, valeur en un duplicata de récépissé de M. Le Coutoulx, trésorier de la Caisse de l'Extraordinaire du 22 mars 1792, n° 6956.

Dont quittance, sans préjudice d'autres dûs, droits et actions. Fait au Bureau de la Recette du District, à Rozay, ce 22 may mil sept cent quatre-vingt-douze.

Signé : MAHOU.

Enregistré à Rozay le 23 may 1792.

DÉPARTEMENT DE SEINE-ET-MARNE   N° 19575. DISTRICT DE ROSOY 3656-17-10

Quittance

au-dessus de 1200 liv. indéfiniment.

Comptable

Droit de Timbre, 20 sols.

N° 74
—

Assignats.	2.400	»	»
Récépissé.	300	»	»
Portion...	956	17	10
	3.656	17	10

Je soussigné Receveur du District de Rozoy, reconnois avoir reçu de M. Louis Bayard, entrepreneur de la fourniture de viande des hôpitaux, demeurant à Paris, cessionnaire pour Pierre-Agile Leclavy la somme de trois mil six cent cinquante six livres dix-sept sols dix deniers . . . .

Le tout à valoir en capital et intérêts sur trente mille quatre cent livres, montant de l'adjudication faite sous le nom dudit Leclavy, le quatorze novembre dernier, de la ferme de Flagny et dépendances, venant des Célestins de Paris, située rue de la Paroisse-de-Houde-villier.

Dont quittance, sous toutes réserves au Bureau de la Recette du District de Rozoy, le six mai mil sept cent quatre-vingt-douze.

Signé : MAHOU.

CAISSE
DE L'EXTRAORDINAIRE

Bon pour L. 30.000

N° 9218
—

Controllé
Signé : DUNAUD.

Je soussigné, trésorier de l'Extraordinaire, reconnais avoir reçu de M. Bayard, boucher, la somme de trente mille livres pour Biens nationaux dans le district de Meaux, département de Seine-et-Marne.

A Paris, ce 28 août 1792, l'an IV° de la Liberté et première de l'Egalité.

Pour M. Le Couteulx,

Signé : MIESSEHIN.

VENTE
de
DOMAINES NATIONAUX
En exécution
de la loi du 28 Ventôse
an IVe

BUREAU
de
MELUN

N° 2852
du Registre des Consignations.

Mandats.........
Prom. de mand....   24,000

DÉPARTEMENT DE SEINE-ET-MARNE

Quittance de la somme de 24,000 livres

Je soussigné, Receveur du Domaine national à la résidence de Melun, chef-lieu du département de Seine-et-Marne, reconnais avoir reçu du citoyen Pigalle, fondé de pouvoirs du citoyen Bayard, demeurant à Paris, la somme de vingt-quatre mille livres, en promesses de mandats pour le premier, deuxième et troisième, à valoir sur la soumission que ledit citoyen Pigalle, a en exécution de la loi du 28 Ventôse, an IVe, et de celle en forme d'instruction, du 6 Floréal suivant, des objets ci-après indiqués :

Pour 48 arpens ou environ de terres labourables, sises commune de Bailly-Larroy, provenant de la ci-devant fabrique dudit lieu.

En somme, pour un peu plus de 500,000 francs payés en assignats, c'est-à-dire avec des papiers sans valeur, ou pas même payés en assignats, Louis Bayard avait eu la plus grande partie d'une des plus grandes communes du département, propriétés de premier ordre, en pleine Brie, qui vaudraient aujourd'hui ce que vaut tout le village de Mesoncelles.

Nous disons : même pas payés en assignats, parce que Bayard, étant créancier des administrations de viande des hôpitaux, des Invalides et de l'armée, fit faire sur l'Etat des virements de fonds et n'eut souvent rien à verser pour ses achats.

Ses débiteurs acceptèrent ses comptes et lui donnèrent en paiement les magnifiques domaines qu'il connaissait déjà pour les avoir parcourus comme marchand de bestiaux.

On peut haïr en principe la vente des biens nationaux, des biens pris aux autres et dont tant de gens, mêmes pauvres, ne voulurent à aucun prix. Mais on aurait tort, au fond, de faire un crime à Louis Bayard de les avoir acquis.

De boucher il trouva le moyen légal, si ce n'est scrupuleux, de devenir bourgeois, et riche bourgeois, il le saisit.

Mais là où on pourrait être plus sévère, c'est lorsqu'il ne trouva plus sa femme assez... comment dirai-je?... assez de son rang et qu'il divorça.

Il poussa là peut-être l'outrecuidance un peu loin, d'autant plus que s'il est vrai qu'on peut faire une duchesse d'une blanchisseuse, il est prouvé qu'il est impossible à un enrichi de devenir un parfait homme du monde.

« Je t'ai fait, disait la reine Isabelle, à Serrano, je t'ai fait riche, puissant et grand d'Espagne, je t'ai fait duc, mais je n'ai jamais pu faire de toi un gentilhomme. »

Quand la pauvreté entre par la porte, l'amour sort par la fenêtre, dit-on. Chez ce nouveau châtelain, c'est la richesse qui chasse l'amour. Il ne savait pas que le grand seigneur est toujours simple.

Biens de curés, dit-on, ne profitent guère.

Si le proverbe n'est pas juste pour Louis Bayard, il semblerait l'être pour sa descendance dont la fortune ne fut uniquement composée que des biens du clergé.

Son gendre Burggraff (1), d'origine allemande comme son nom l'indique, fils de Jean Burggraff et de Marie Pressler, après avoir possédé plusieurs des biens énoncés plus haut, et de plus, la Grande-Loge et Bilbarthaud, les plus belles fermes

(1) Burggraff-Franconie, Rierstap, page 337, tome I, Armorial général, marié à Victoire Bayard, le 11 décembre 1811.

des Religieux, dut finir par se retirer dans la petite maison de Chantemerle, achetée au forçat G..., qui eut le poignet coupé pour avoir trompé l'Etat en faisant exempter, à prix d'or, les conscrits valides et bien portants.

Il y mourut dans un état voisin de la gène.

Fort bel homme, soldat en 1798, sous-lieutenant un an après aux grenadiers de la garde des Consuls, nommé par l'Empereur major en 1813 et annobli le 6 janvier 1815, ce Burggraff n'était pas le premier venu. Il s'était distingué en plus d'une circonstance. Après une action assez chaude, le général baron Dubois, d'illustre mémoire (1), lui dit en lui frappant sur l'épaule : « Toi, Burggraff, je n'ai jamais peur que tu te caches derrière ton cheval, tu es trop grand. » Lieutenant-colonel en 1818, il alla encore en Espagne en 1823, où le maréchal de Lauriston le cita honorablement. Il était arrivé à Mesoncelles après les campagnes de Russie et d'Espagne, accompagné de nombreux mulets chargés de pièces d'or et d'argent, de butin de toute sorte, qu'on vit sillonner les routes pendant plusieurs jours.

Mis en réforme, il s'adonna à l'agriculture comme Cincinnatus, seulement Cincinnatus était désintéressé et de Burggraff était âpre au gain et de plus très processif. C'est ce qui le perdit.

La fille de Burggraff, seule et aigrie dans la maison de Chantemerle, épousa M. Hellouin de Ménibus né, à Londres le

---

(1) Général baron Dubois, père de Mme Jules Guichard, du château de Forges, en Seine-et-Marne, dont le grand cœur est à la hauteur de la grande fortune si connue de ceux qui souffrent. M. Jules Guichard, sénateur de l'Yonne, a remplacé M. de Lesseps à la présidence de l'isthme de Suez.

12 mai 1810, dont on fit un général parce que — tout le monde le sait — il était incapable de faire un bon colonel.

Quand Napoléon III rencontrait un colonel insuffisant, vite, disait-il, qu'on le nomme général : on le mettra dans les bureaux.

Napoléon Iᵉʳ, au contraire, voulait qu'on méritât son grade.

Un jour un de ses officiers d'ordonnance lui présenta à signer la nomination d'un certain colonel au grade de général.

Il froissa le papier, le rejeta loin de lui en s'écriant : jamais je ne nommerai général un colonel qui depuis six ans ne fait pas campagne.

Que penserait-il des nominations de cette fin de siècle?

Le général de Ménibus que le maréchal Le Bœuf avait placé à Saint-Thomas-d'Aquin, est un des rares généraux du second empire qui soit arrivé aux étoiles, sans jamais voir un champ de bataille.

Mais ce n'était pas un mauvais homme. Quand il fut maire, il chercha plutôt à faire bien.

Il laissa une fille, Marie de Ménibus, représentant aujourd'hui, à Mesoncelles, la descendance du boucher Bayard, et mariée à un veuf avec quatre enfants, le baron de Witte (1), de Wommelghem (2), étranger naturalisé comme Burggraff. De cette union est né un cinquième enfant.

(1) De Witte, Prusse. Annobli le 8 janvier 1816.
De Witte, Bruges. Annobli le 7 novembre 1857.
De Witte, Anvers. Baron du 15 octobre 1853. P. 1106. Rietstap. Armorial général.
M. de Witte a écrit qu'il appartenait à la branche d'Anvers.
(2) Tout-Paris et Livres d'adresses.

Si le jeune de Witte-Bürggraff-Ménibus remplace un jour ses aïeux et son père, à la mairie, il pourra certainement marier en plusieurs langues.

Le fils de Louis Bayard, qu'on appela Bayard (de Maison-neuve) eut deux fils, Adolphe qui est mort en 1839, à peu près ruiné et Eugène dont tout le monde connaît la situation et les idées.

Adolphe, l'aîné, propriétaire de Mesoncelles, ne légua rien à ses parents et voisins de Chantemerle. Il choisit pour héri-tier un jeune homme qu'il aimait et qui lui faisait honneur. M. Georges Panckoucke, avocat à la Cour, petit-fils de l'édi-teur célèbre, fondateur du *Moniteur universel.*

Aussitôt la mort d'Adolphe Bayard, un homme s'introduisit par une fenêtre, la nuit, dans le château, ouvrit tous les tiroirs des meubles, visitant tous les papiers, fouillant partout pour trouver et anéantir le testament.

On crut d'abord à un vol, et le parquet de Coulommiers s'en mêla, mais comme rien n'avait été enlevé, pas même une allumette, force fut bien d'avouer qu'on avait eu affaire qu'à un... curieux.

Si les successeurs des moines se sont ruinés, leurs fermiers, eux, s'enrichirent.

Sans compter Cinot qui, à cheval sur l'ancien et le nouveau régime, put conduire sa bête à sa guise, les Coquillon, Deligny, Abit, Barian se retirèrent riches.

M. Panckoucke, après avoir fidèlement exécuté le testament de M. Bayard, fit quelques dons à la commune et chargea les frères Beer de vendre château et fermes. Ces hommes d'affai-res déployèrent dans leurs transactions la plus parfaite correc-tion, la plus grande loyauté.

CHÂTEAU DE MESONCELLES-EN-BRIE (Ancienne Propriété de l'Abbaye Saint-Denis).

Le château

Dès l'an 1100, dit Dom Doublet (1), les principaux châteaux que possédait l'abbaye de Saint-Denis étaient ceux d'Arcueil, de Bois-Béranger, de Fourcade, de Breuil, de Beaune, de Grandpuis, de Ver, de l'Aune, de Mareuil (près Meaux), de Mesoncelles, de Villeneuve, de Concevreux, de la Versine, de Sary, de Boissy-Laillery, de Berneval, d'Ully-Saint-Georges, do Saint-Martin-du-Tartro, de Morancy-la-Ville, de Moinvilliers, etc.

Le château de Mesoncelles, qui date de mille ans, a subi bien des changements dans le cours de sa longue existence.

Il connut les fossés profonds, les remparts, les créneaux, les tours élevées, et faisait fort bonne contenance au Moyen-Age, sous la protection de sa demi ceinture de petits-fiefs : Roize, Montgodefroy, Le Chemin, commandés par ses chevaliers bannerets.

Quand, avec les mœurs adoucies, disparut l'attirail militaire, Mesoncelles devint un des lieux préférés des Bénédictins, non seulement parce qu'il n'était pas loin, qu'il avait été créé par eux et qu'il leur devait son grand territoire, son village, sa population, mais aussi parce qu'il leur offrait le charme des champs, des ombrages frais et solitaires, propres aux méditations.

Saint-Denis y envoyait ses convalescents et, à tour de rôle, ses Religieux, deux mois par année, comme à Merville, lieu de prédilection des Abbés.

---

(1) D. Doublet, antiq. P. 480, 501, 522, etc.

Mesoncelles vit Clovis, Dagobert et Charlemagne, Abeilard qui y éclaira le monde d'un jour nouveau, Suger qui vint lui-même, sous les halliers de Morillas, choisir et marquer les chênes séculaires destinés à la reconstruction de l'abbaye, Guy de Monceaux qui en fit dresser le terrier, les cardinaux de Bourbon, de Lorraine, de Guise, de Vendôme, Mazarin, Dom François de Retz, Cardinal-Prêtre qui se battit trois fois en duel, et tant d'autres illustres savants Abbés de Saint-Denys.

Il vit le ministre de Charles IX, de Reilhac, et son descendant, qui habite Montry (1), un des bibliophiles les plus distingués, un des hommes les plus instruits d'aujourd'hui, comme n'en compte plus beaucoup la noblesse française ; les de Reilhac, les Roland Bonaparte, les de Tinseau, les de Valori, les Mac Donald, les de Montesqiou, les de Castellane, les Léonce de Brotonne, dans les lettres, ou les Raoul de Goutaut-Biron, dans les arts, sont rares !

Le cheval et le vélocipède pour les oisifs, le journal pour les pressés ont tué le livre.

Mesoncelles vit les comtes de Champagne, Louis XIII allant à Coulommiers, et Louis XIV à son retour d'une fête à Maupertuis ; il vit Bossuet, le duc de Luynes, le chef d'état-major de Bonaparte, Landrieux, qui y forma le régiment des Hussards-Braconniers, composé de tous les braconniers du département ; le maréchal Mortier, duc de Trévise ; Fouché, duc d'Otrante ; le marquis de Montebise, qui, à plus de

(1) C'est au château de Montry, près de Meaux, que Bismarck et Jules Favre se rencontrèrent pour la paix à signer pendant la guerre. Voir la *Vallée du Morin*, par G. Husson, histoire très intéressante.

80 ans, sautait à cheval les obstacles les plus redoutables ; Panckoucke, Oscar de Vallée, le général du Barail, un Canrobert.

Il eut pour hôtes la puissance, la science, la grandeur, le talent et la bravoure.

Placé sur un des points les plus hauts de la Brie, le château domine d'un côté des mers de plaines et plonge de l'autre dans des vallées riantes et profondes ; derrière, un peu au loin, les bois de Morillas.

Du campanile gothique, qui coupe assez heureusement la monotonie du long toit, on aperçoit, par un temps clair, la tour Eiffel.

Le château, qui rappelle bien l'ancienne demeure monastique, se compose d'un long corps de logis à deux étages, aux façades de styles différents. Ses toits sont surmontés de lucarnes gothiques et garnis, aux arêtes, d'ornements en fer, fleurs de lys et feuilles de chênes moyen âge.

Il était, il y a deux ans encore, flanqué, au sud, de nombreux bâtiments de ferme formant un parallélogramme.

En entrant par les grandes portes, garnies à l'intérieur de leur bascule, chaîne et serrure à moraillon, nous traversons le porche. Aux quatre coins de ce porche, quatre bornes en grès, portant, gravées, les initiales S.-D. (Saint-Denis) ; à droite, en suivant, les remises et écuries, tout en briques, avec leurs deux grandes portes en ogive, et trois créneaux du côté nord ; au premier et au second, d'immenses greniers à grains avec ouvertures à poulies.

Plus loin, l'habitation et la porte basse ; au rez-de-chaussée, grande pièce à grande cheminée avec sa plaque ancienne et ouvragée et ses fortes crémaillières, puis d'autres pièces, et, au

PAVILLON DES MOINES BÉNÉDICTINS DE SAINT-DENIS (Aile nord)

fond, le fournil éclairé par trois fenêtres cintrées et fermées de barreaux de fer en flammes...

Ici, l'averie et sa pierre d'évier colossale, vraie pierre de Druides ; là, les caves, aux serrures antiques de bois. Voici le large escalier, l'escalier de Cluny, donnant sur la porte d'entrée monumentale du milieu, et, au-dessus de cette porte d'entrée, la croix de Saint-Denis, incrustée dans la pierre. L'escalier conduit, au 1er étage, à gauche, au pavillon du doyen et aux chambres des moines, et, à droite, à de vastes salles, traverse le second étage qui forme encore et toujours d'interminables greniers à grains, et va jusqu'au campanile.

Toute cette partie de bâtiments a les fenêtres Louis XIV gardées de barreaux de fer.

A l'extrémité, le pavillon à trois étages couronné de quatre cheminées et de trois lucarnes. Ce pavillon semble se détacher de « l'Ostel Manable » ou manoir, mais n'en est que le prolongement. C'est l'habitation habituelle du doyen et des moines, qui ont, juste en face, l'église de Mesoncelles, dont le clocher se profile, avec poésie, dans le lointain.

Au nord, et en retour, les communs, remises, écuries particulières.

Le bâtiment le plus curieux est le pavillon du fond, remontant aux temps les plus reculés et ayant dû servir de vigie.

Pas une fenêtre pareille, pas une porte semblable, ni sur la même ligne. Le côté extérieur est crénelé.

La ferme se composait : d'une grande grange à blé, conservée et restaurée, tout en briques et pierres meulières, étonnante par ses proportions grandioses, l'envolée de sa charpente très osée et très artistement enchevêtrée, et par son entablement de briques en saillie. Au-dessus de sa grande porte d'entrée, on lit la date de 1689 écrite avec des briques. De chaque côté de la porte, deux bornes toujours avec S.-D. (Saint-Denis). On vend sa photographie, à Meaux, comme modèle de travail, de patience et d'architecture bénédictine.

Elle fut construite un peu après la reconstruction de la Grande-Loge.

La grange à blé de Mesoncelles, qui logea tout un régiment de cavalerie prussienne, en 1870, est la plus grande grange connue après la grange aux dixmes de Provins, qui est la plus grande de France.

A droite de la grande grange, différentes étables, et, en retour, une grange à avoine venant s'adosser au porche d'entrée.

A gauche de la grande grange, les bergeries, et au-dessus un grenier séchoir, puis les vacheries opulentes supportant les greniers à fourrage, et enfin, en retour, les laiteries luxueuses, pavées, carrelées, venant aboutir au mur de clôture du pavillon.

Au centre de la cour, le puits et son énorme pierre d'abreuvoir en grès, d'un seul morceau, et, un peu derrière, en avant de la grande grange, le haut colombier seigneurial au pied lourd et solide.

Tout était grand, large, harmonieux dans les établissements des moines.

Le 1er février 1791, le château de Mesoncelles était acheté par Louis Bayard, et le 1er février 1891, cent ans après, jour pour jour, il quittait les Bayard.

Il était alors en mauvais état. Sa restauration complète fut entreprise sous la direction de M. Jules Chevallier, architecte et conseiller municipal de la ville de Coulommiers, un érudit et un lettré.

Tout ce qui avait le moindre souvenir, la moindre originalité fut gardé et restauré, le reste, vieux bâtiments de ferme sans valeur artistique disparut, faisant place à des pelouses.

Les entrepreneurs Beaurepaire et Bourdon conduisirent, quatre ans, les travaux de maçonnerie, aidés d'ouvriers intelligents et habiles, dont les principaux furent Lavocat, Olivier Isambert, Théophile Cazannois, Ernest Caïn, dit Brigitte, Houbé fils ; Miard répara la couverture avec son fidèle Léon, qui, pendant l'hiver de 1870, traversa la Marne, à la nage, sous les balles ; Fagette et L'Angevin rétablirent la charpente et les lucarnes, Raby, Boivin et Lemaire (de Mesoncelles), s'occupèrent de la menuiserie, Chantret fit la peinture, Nadaud la serrurerie.

Ces noms de travailleurs ne me paraissent nullement déplacés à côté de tous ceux des moines constructeurs, dessinateurs ou autres que l'on trouve gravés dans les murs ou dans les poutres de chênes, surtout du second étage, avec dates, inscriptions, emblèmes :

Charles DOTVA
frère OUTRENT 1782  J.E.V.1762.

 PiERRE FRANÇOIS 1782 VILUE
frère Ambroise ToiRET
APR14 1712

LOLONL
DIEUTEGARD

 1770 Pierre REs

CLAUDE DOZE
1776
CLAUDE CRUCHOT.1781

 1792 LOUISSVLET
1782 IAHROIAN
Jean Dieyes AMLH
Pierre feulliol.1796

INSCRIPTIONS

Les anciens semblent dire aux nouveaux : « Faites mieux si vous pouvez. »

Les derniers noms inscrits sont ceux d'Aubry, Bouchet, Etienne Cazannois, Brulefer, et ceux qui les portent vivent encore, vieux patriarches nés avec le siècle.

Tout passe ! Tout renaît !

L'étang.

L'étang en fer à cheval, pavé par les moines en certains endroits pour y faire circuler les chariots au moment des pêcheries, est semé de deux îles plantées de grands arbres, et enserre de ses deux bras les vergers, aux murs tapissés de hautes treilles et d'espaliers dorés, et pleins d'arbres à fruits en pleine terre.

Au soleil couchant, il longe le parc.

On peut s'y promener en bateau à vapeur.

Les poissons de différentes espèces y abondent, et on y remarque la carpe dorée.

On raconte qu'un jour le roi Stanislas fit mettre sur la table de Louis XV des carpes de son pays.

Le Roi les trouva si bonnes qu'il en fit venir de Pologne, et, pour les conserver, ordonna de creuser les étangs royaux d'Epernay.

Dom du Biez, grand Prieur de Saint-Denis, aurait alors obtenu du Roi l'autorisation unique d'en transporter quelques-unes dans l'étang de Mesoncelles où bientôt elles pullulèrent.

Si jamais Héloïse et Abeilard n'ont eu que l'idée de se jeter dans l'étang de Mesoncelles, en 1848, deux jeunes fiancés, que les parents ne voulaient pas laisser se marier, s'y précipitèrent et s'y noyèrent.

Le jeune homme, fils du garde de Morillas, s'appelait Damas Bordelais; la jeune fille, Ancelin, enfant d'un ébéniste.

Avant de mourir, ils s'étaient attachés corps à corps avec leurs longues chaînes de montre d'or et leurs mouchoirs.

L'empreinte de forts talons, enfoncés dans la terre, sur la

berge, prouvait, que l'homme avait dû, au moment suprême, faire effort pour entraîner sa fiancée.

En 1892, l'étang fut curé en parties et à grands frais. La vase fut employée à rehausser les îles.

Des 18 ou 20 étangs des moines, qui occupaient une si vaste superficie, et dont le plus grand était celui de Saint-Denis, près la Loge-au-Bailly, l'étang de Mesoncelles est le seul que les siècles aient conservé. Les autres sont devenus d'excellentes terres labourables ou de gras pâturages.

Le Parc.

Le parc bien dessiné et aménagé pour la chasse, comprend deux grandes prairies qui sont à droite et à gauche de l'étang, et où, dit le Livre vert, « le bétail ne peut converser depuis « la my quaresme jusqu'à la Saint-Remy, réservés encore le « jour de Pasques avant le service, le jour de Pasques Flories, « le jeudi absolu, le vendredi Benoist, la veille de Pasques, « autrement chascune beste devroist cinq sous d'amende à « Monseigneur. »

En avant un bois bien percé, le « Clox aux conins » ou lapins, le tout d'environ 40 arpents.

Clos de murs et de haies vives, il est entouré presqu'entièrement de plaines. Malgré la coupe de gros arbres qu'on y fit en 1888 (M. Bayard en vendit pour plus de 40,000 fr.), une belle futaie y subsiste encore.

A cette époque, un bûcheron nommé Blutet, de la Haute-Maison, découvrit au pied d'un vieux frêne, un vase de terre cassé et un grand nombre de pièces d'or et d'argent. Ces pièces avaient été traînées par les rongeurs un peu dans toutes les directions sous terre. Beaucoup étaient du xve siècle. Et il y eut d'autres trésors de trouvés.

Mais M. Bayard déclara que tout ce que les ouvriers rencontreraient sous leurs pioches était à lui seul. Dès lors, on n'eut plus que de vagues renseignements sur les découvertes.

C'est à peu près à cette époque que Mme Caïva, la célèbre chiromancienne, obtint du ministère des Beaux-Arts, un crédit de 10,000 francs pour faire des fouilles dans l'abbaye de Saint-D,nis, à Saint-Denis. Elle prétendait savoir où étaient les trésors laissés par l'abbaye et qu'on n'avait jamais retrouvés.

On sait ce que devinrent les 10,000 francs et ce que produisirent les fouilles.

Mais ce qu'on sait moins, c'est que Mme Caïva revint à la charge auprès du Gouvernement assurant que si le trésor n'était pas à Saint-Denis, il était à Mesoncelles. Elle demanda donc un nouveau crédit pour aller à Mesoncelles.

Il y a deux ans, lors de la démolition de la ferme, un traité fut fait avec les entrepreneurs et les ouvriers en cas de découvertes, mais on ne découvrit rien.

Au coin de l'étang se trouve un rond-point de 20 chênes, plusieurs fois séculaires, au milieu desquels les moines venaient s'exercer à la parole que les habitants, curieux de s'instruire, accouraient écouter furtivement.

La parole semble avoir été toujours un charme attirant pour le briard. Est-ce parce qu'il a entendu la voix d'or d'Abeilard, la voix de tonnerre de Bossuet, et de tant grands orateurs ?

L'automne dernier, je me trouvais par hasard dans une

réunion publique où le candidat aux élections législatives, Delbet, parlait. Il avait un auditoire nombreux et serré. A la sortie, je demandai à un groupe de braves gens ce qu'ils pensaient du discours plein de talent que nous avions entendu.

« Ah! nous répondirent-ils, nous, nous n'y avons compris goutte. Seulement on sent que ça doit être bien dit et bien beau. Ça chante comme de la musique ».

Ce n'était pourtant pas la vieille chanson de Jaurès. Que le député de Seine-et-Marne, à qui je n'ai jamais parlé, me pardonne ce souvenir.

A l'extrémité de l'étang, près de la route de Faremoutiers, un hêtre comptant plus de quatre siècles, derrière lequel se cacherait une famille, étend ses rameaux dans les nuages.

Presque tous les noms des habitants sont gravés au couteau dans son écorce avec les dates les plus lointaines.

Le gros chêne de Morillas et le gros hêtre du parc sont les deux plus beaux arbres de la contrée.

Bien des ouvriers travaillèrent au parc et à l'étang, mais je manquerais à la reconnaissance due aux braves serviteurs en ne saluant pas, en passant, Houbé père, les frères Gallois, Penet, qui ne cessèrent d'y mettre leurs soins.

Houbé, l'automne dernier, fut victime d'un accident sans conséquence aucune, mais qui eût pu être grave. Il reçut à la jambe, par inadvertance, la décharge d'un canon avertisseur destiné aux malfaiteurs.

La chasse du parc et terres du château est confiée à Alexandre Brunet, homme de tact et de devoir qui se trouve avoir sous sa surveillance presque tout l'ancien domaine abbatial. Garde attentif et sûr de M. Chartier, de Chessy, il entretient particulièrement dans les bois de Morillas une des chasses à tir les plus giboyeuses de l'arrondissement.

Le château, avec son étang et son parc, est une des plus belles demeures de ce coin de la Brie, si riche en sol et en souvenirs, et il n'a rien de banal.

L'ancien prieuré de Vauxluisant, près de Sens, et l'abbaye de Gif, dans la vallée de Chevreuse, ont certaines ressemblances avec Mesoncelles.

Du reste, Gif était très fréquenté des abbés de Saint-Denis qui lui servaient une rente et la comblaient de leurs largesses et dons gratuits (*de gratiis et eleemosynæ*).

« L'abbaye de Gif, dit Félicie d'Ayzac, était cachée sous les châtaigniers de la belle vallée de Chevreuse, mais sa trace est bien effacée de ce sol, toujours enchanté. L'aspect de ce frais paysage a subi plusieurs changements : la charrue a fertilisé la place où l'abbaye détruite projetait l'ombre de ses tours; les forêts qui l'environnaient laissent la vallée découverte et en font au flanc des coteaux la plus magnifique décoration ; de riants châteaux de plaisance émaillent peu à peu ce site, l'un des plus charmants du pays; et de fastueux équipages sillonnent, dans les jours d'été, cette splendide contrée pleine du grand nom de Suger, qui l'arracha à l'oppression et qui se plaisait à fouler ses poétiques solitudes. Que de fois de hauts barons, des chevaliers, des voyageurs, d'humbles et pauvres pèlerins, les uns égarés dans les chasses, les autres las ou affligés vinrent frapper à la porte de Gif dont l'hospitalité s'ouvrait pour les grands de la cour comme pour les plus déshérités des biens de la terre! »

Gif n'a pas passé en des mains profanes. Gif appartient aujourd'hui à une femme, grande par la grâce, grande par le talent, grande par le cœur, Madame Adam (Juliette Lamber).

L'ÉGLISE BÉNÉDICTINE DE MESONCELLES-EN-BRIE

L'Église.

L'église de Mesoncelles-en-Brie, sous les vocables de Saint-Sulpice et de Saint-Denis, fut commencée à la fin du xiie siècle.

Elle est plus qu'une église de campagne et témoigne bien de la présence des bénédictins de Saint-Denis.

Grande, vaste et belle, elle est aujourd'hui restaurée à neuf.

Son clocher, à l'extrémité occidentale du bas côté nord, est carré, haut, effilé.

Au sommet de son toit de donjon, le coq et l'oriflamme tournent à tous les vents.

Sur ses quatre faces, quatre fenêtres jumelles en ogives et au-dessous quatre autres simples.

Sur la face ouest, une horloge sonnant les heures et les quarts.

L'abside est carrée, soutenue par de nombreux éperons à doubles ressauts et éclairés par trois fenêtres bien dessinées, celle du milieu, plus haute et plus large que les deux autres, que M. Anatole Dauvergne appelle justement le Triplet, comme dans les églises des commanderies de l'ordre du Temple et de Malte.

Le chœur et les nefs du chœur sont voûtés avec arceaux torses retombant sur des colonnettes appuyées sur de fortes colonnes aux chapiteaux artistement fouillés.

Remarquable surtout le chapiteau à feuilles d'Acantes de la colonne basse de droite, la plus ancienne de toutes.

Mais les deux grandes nefs ont maintenant de vulgaires plafonds de salle d'auberge, car l'église n'a plus que deux grandes nefs ; la troisième, la grande nef du nord, brûlée en 1676, n'a pas été refaite. Elle fut murée sur la ligne des colonnes qu'on aperçoit encore en saillies.

Il ne reste donc que les deux tiers de ce côté d'église.

Le samedi avant le 28 août 1676, lit-on dans les archives du Baillage de Mesoncelles, un incendie se déclare chez François Lalouette, tisserand, brûle sa maison, et 24 à 25 travées voisines, partie de l'église et du clocher ; les cloches ont été fondues.

Le curé était alors Jacques Le Marier. « Puis dix ans après, en 1686, un procès-verbal de J. Couture, maçon, et René de la Noue, charpentier, constate la chute de deux travées des voûtes du bas-côté « suite du feu qui a calciné les murs, le 22 août 1676.

« La tour est menacée de même, si les habitants n'y remédient. »

L'église est donc alors reconstruite, et plus tard, en 1722, Augustin-Ambroise Opoix, curé de la paroisse, fera réparer aussi son presbytère et les bâtiments dépendant de la cure.

Ces plafonds blancs, droits, nus et froids, jurent étrangement avec le reste.

Le plâtre est la passion malheureuse du maçon briard. Il en met partout.

Il ne veut pas comprendre que dans son pays surtout, quelque peu humide, il ne tient pas et qu'il n'est pas fait pour bâtir. Seulement, il est facile à employer et cache vivement, pour un instant, les oublis ou les défauts de l'ouvrage.

Le plâtre, c'est le zinc du bronze. Les architectes devraient bien le proscrire.

Au sanctuaire, une clef de voûte tombante, délicatement travaillée, représente une couronne d'oves soutenant, à l'est, un écusson aux armes, je crois, des Hidrequan. « Parti des merlettes (4 ou 5) trois quenouilles en pal. »

En avant, sur un coin de pierre, une date gravée sur une petite lame de fer, 1548.

Cette date n'est pas celle de la construction de l'église, comme on le pense souvent, mais celle d'une restauration de ses voûtes.

Deux chapitres : la chapelle sud, refaite au xvɪᵉ siècle, elle a une clef de voûte italienne en écu avec 4 rocs 2 et 2, 1 fleur de lis en cœur.

Deux statues en bois : l'une de Saint-Denis, sa tête à la main, du xvᵉ siècle ; et l'autre, de Sainte-Elisabeth, avec une couronne de fer. Mais elles ont disparu.

Cette chapelle, autrefois chapelle Saint-Denis, est consacrée à la Vierge, et fut longtemps ornée par une mère malheureuse, Mᵐᵉ Pages, en souvenir d'une jeune fille chérie.

La chapelle nord, refaite également au xvɪᵉ siècle, est plus abimée encore. C'est la chapelle de Saint-Sulpice.

La clef de voûte représente un évêque debout, crossé, mitré.

Sur la console de l'arêtier sud est sculpté un ange portant un écusson du xvᵉ siècle.

Deux fenêtres de chaque côté des chapelles, deux au sud, deux au nord, de petits vitraux blancs ordinaires en losanges.

La grande fenêtre du fond avait encore, il y a quelques années, des vitraux anciens et, au centre, un écusson : d'azur au chevron d'or accompagné de trois molettes d'argent ; deux en chef, une en pointe, et autour des couronnes et des fleurs de lis d'or entremêlés sur fond noir. Où sont-ils ?

Au mur, en face, est accrochée une petite statue d'évêque trouvée sans tête. Pour 25 fr., on lui en fit faire une et on lui donna le nom de Saint-Sulpice.

Sur l'autel, une statue de Notre-Dame de Lourde, neuve, en plâtre peint, sans valeur.

Les curés laissent trop souvent les soi-disant dames de charité remanier, à leur guise, les chapelles.

Ce n'est pas parce qu'elles payent que des mains bourgeoises et sans goût doivent pouvoir rendre méconnaissables des lieux saints, purs de style, dignes d'admiration, et qui appartiennent au pays et non à telle ou telle personne.

Au mur du bas, côté nord de la grande nef, la statue d'un religieux bénédictin de Saint-Denis, du xive siècle, en grand costume de chœur, assez bonne mais repeinte, et, à côté, un mauvais portrait de Louis XV avec sceptre et manteau royal, apporté du château dans l'église et mis avec les saints par M. Bayard qui le prit et le fit prendre, o dérision ! pour Saint-Louis. Mais il paraît qu'on vient de l'enlever. Il a blessé assez longtemps la vue.

A côté de la porte du clocher, la cuvette des fonts baptismaux, en marbre rouge et blanc moderne, mais jolie.

Au mur sud, grande nef ; à côté de la porte, un grand tableau ancien, l'Annonciation. Le cadre est beau.

Un autre tableau représentant Saint-Sulpice, évêque de Bourges. Un ange, aux ailes déployées, lui parle.

Deux tableaux, de chaque côté de la chaire : la Naissance du Christ et la Résurrection. Les cadres anciens sont beaux.

Puis, un chemin de croix, don de l'abbé Blondelot, curé de Mesoncelles, ancien engagé dans les ambulances militaires, en 1870.

A droite, au-dessus de la porte d'entrée, une ancre en bois sculptée par un marin, *ex-voto*, déposée là par une mère.

Dans ces pays-ci, ces emblèmes de marine sont si rares qu'il faut les citer. Les murs des églises des bords de l'Océan en sont couverts.

Le cierge Pascal, donné par les religieux de Saint-Denis, au siècle dernier, est décoré de fleurs de lis d'or sur azur.

Il y avait, autrefois, plusieurs tombes dans l'église, tombes de seigneurs, curés ou bienfaiteurs, mais elles n'ont guère été respectées non plus.

Une grande, effacée, du XVe siècle.

Une seconde, à l'entrée du sanctuaire, sous la lampe, est de 1313.

On y lit :

CY GIST MES.

SIRE PIERRES P. PIER, CUREZ : DE :

MESONCELLES : QUI.

I : TRESPASSA : EN : L'AN

DE GRACE M : LLE ET ZIII D MOIS DE JUNG

LE : SAMEDI : APRÈS : FETE : S.

JEHAN : BEAUTITRE.

(Pierre Peier, curé de Mesoncelles qui trespassa en l'an de grâce M.CCCLXIII. au mois de juillet.)

Une autre, usée, renfermant deux personnages, le mari et la femme.

Mais celle du mari, seule, paraît encore.

C'est un chevalier armé du XVIe siècle.

Ces mots seuls subsistent :

CI GIST NOBLE...

CI GIST NOBLE DAMOISELLE MARGUERITE

TRESPASSA LE IIIe D'APVRIL

M. SBSS ET DIII

.Une dalle magnifique, en plusieurs morceaux, du xiv* siècle, gravée peut-être par Jean Rose, représentant deux personnages d'illustre race :

L'homme a les cheveux en rouleau sur les tempes et porte la collerette retroussée et la cote de maille.

La femme est coiffée en carré, selon la mode du temps, et est vêtue de la robe fourreau :

CY GIST DEMOISELLE
CHE DE BESLOY JADIS
MOTGODEFROY, ESCUIER LAQUELLE
DIEU POUR LAME D'ELLE..... CE.....

Ces tombes ont été enlevées et scellées au mur et au soubassement des murs de la chapelle nord, et les ossements ont été déposés dans le nouveau cimetière.

Les deux dernières viennent du prieuré disparu de Montgodefroy, si proche de Mesoncelles.

Elles ont été trouvées en 1824, dans l'ancien cimetière qui entourait l'église paroissiale et qui pénétrait en pointe dans la prairie du manoir des moines, au moment où ce cimetière était reporté plus loin pour faire place à la route actuelle de Faremoutiers.

C'est à la même époque et dans le même endroit que des travailleurs découvrirent, en plusieurs morceaux, un bas-relief, chef-d'œuvre de sculpture du xiiie siècle, et que M. Ad. Bayard, dans une pensée qui fait son éloge, plaça dans la chapelle sud, à droite et à gauche de l'autel de la Vierge.

Tout le monde s'accorde à dire que c'était autrefois les côtés d'un rétable de Montgodefroy.

Un sous-préfet de Coulommiers, amateur, en offrit un prix considérable au curé.

Le motif du milieu, le crucifiement manque.

M. Dauvergne en fait cette excellente description :

Côté gauche, bande supérieure.

A gauche. La Circoncision. La Sainte-Vierge présente l'Enfant Jésus au Grand-Prêtre Siméon.

Derrière elle, une jeune fille apporte une corbeille contenant des colombes.

A droite. Le Massacre des Innocents. Hérode assis sur un trône, ordonne aux soldats d'arracher les enfants des bras de leurs mères.

Côté gauche. Bande inférieure.

A gauche. La fuite en Egypte. La Vierge portant l'Enfant Jésus, est montée sur un âne que conduit Saint-Joseph.

A droite. Saint-Joseph est conduit par un ange. (Celui qui lui apparut en songe) (1).

Côté droit. Bande supérieure.

A gauche. L'Annonciation. La Sainte-Vierge agenouillée, l'ange debout. Deux figures.

Au milieu. La Visitation de la Vierge à Sainte Elisabeth. Deux figures.

A droite. La Nativité. La Vierge couchée sur un lit, Saint Joseph incliné vers elle ; deux figures.

Côté droit. Bande inférieure. La Nativité annoncée aux bergers ; deux figures et plusieurs moutons.

L'Adoration des Mages ; trois personnages.

_____

(1) Certaines personnes doivent se tromper en disant que les idoles tombent en voyant la Sainte-Famille apparaître. Ne prennent-elles pas pour idoles l'ange qui indique la direction à suivre à travers les colonnes ou monuments égyptiens.

Ces neuf compositions complètent la représentation des faits relatifs à la naissance de J.-C. Cependant, elles ne sont pas placées dans l'ordre chronologique. On les a placées selon l'aspect le plus propre et sans tenir compte de la succession naturelle des tableaux. Le rétable est l'œuvre d'un moine de Saint-Denis, venu à Mesoncelles...

Si j'en crois un vieillard du pays, il aurait été démonté de l'église et enterré pieusement en 93, pour le soustraire à la fureur populaire, croyant non pas sauver un objet d'art, mais faire acte pie.

Est scellée sur le mur nord, en avant de la porte d'entrée, du côté de la chaire, une plaque carrée en marbre noir, avec cette inscription :

CI GIST MESIRRE CHRISTOPHLE DE
HIDRICAM VIVANT CHEVALIER
SEIGNEUR DE MESONSELLE SINT
GORGE LES ROCHE EN TOVREL
NE ET AVTRE LIEUX QUI DE-
CEDA LE SEPTIÈME AVVST MIL SIX
CENS TRENT NEUF, LE 6ᵉᵐᵉ
DE SON AGE QUI A ESTÉ YNV-
MÉE EN CESTE ESGLIZE A LA
DILIGENCE DE DAME MARTE DE
BONNEVAL SON ESPOVZE
PRIEZ DIEU POUR LE
REPOS DE SON AME

Deux tombes plus récentes se trouvent encore à leur place primitive, à l'entrée de la chapelle sud.

En voici les inscriptions :

D. O. M.

CY GIST LE CORPS DE M.

CLAUDE LA COMPTIÉ

VIVANT RECEVEUR DE

LA SEIGNEURIE DE MESONCELLES ET

PROCUREUR FISCAL

AUDIT LIEU DÉCÉDÉ

LE 18 SEPTEMBRE 1748.

ALLAGE DE 55 ANS

PRIEZ DIEU POUR SON AME.

ICI REPOSE

LE CORPS DE MAITRE

CLAUDE-CHARLES

GUICHARD OFFICIER

CHEZ LA REINE ANCIEN

RECEVEUR DE LA TERRE ET PAIRIE

DE MESONCELLE ET AUTRE LIEU

NÉ DANS LADITE PAROISSE

DÉCÉDÉ LE 6 FÉVRIER

AGÉ DE 66 ANS

PRIEZ DIEU POUR

SON AME.

Enfin, sur une croix de fer relevée encore dans l'ancien cimetière :

CI GIST MESSIRE C.-G. GUICHARD CHEVALIER

DE L'ARQUEBUSE ROYAL DE CRÉCY

RECEVEUR DE LAMOTHE DÉCÉDÉ LE 22 MAY 1783

PRIEZ DIEU POUR SON AME AGÉ DE 42 ANS.

FAIT PAR MOY MARTIAL GIBERT EN 1805 SERRURIER A CRÉCY-EN-BRIE.

Cette croix de fer a disparu encore.

Que font donc ceux qui ont la garde de l'église ! A quoi sert le conseil de fabrique ? L'église, qui était très en vue, souffrit plus qu'une autre de la Révolution,

Non seulement elle vit les ornements de ses tombes brisés, ses vitraux éventrés, ses statues décapitées, ses sculptures massacrées, mais elle fut, de plus, dépouillée de ses nombreux objets d'art offerts par les seigneurs et les moines, dont on peut se donner une idée de la générosité, en voyant les mémoires de travaux faits à l'église en 1788, et une quittance d'un orfèvre de Meaux (1).

Ceux qui avaient échappé furent échangés, ces dernières années, pour de plus dorés, plus brillants... C'est ainsi que deux beaux lustres à girandoles Louis XIV, du temps, furent remplacés par deux autres de la rue de Rennes ou de la Place Saint-Sulpice.

Et ces erreurs coupables ne se produisent pas que dans les églises rurales.

J'ai vu un vicaire de Saint-Gervais vendre, il y a quelques années, à un richissime Israëlite, 2,500 fr. deux tapisseries de toutes beautés, qui en valaient 40,000. Un procès eut lieu. L'acheteur transigea en versant 15,000 fr. à la fabrique. Ce vicaire, accusé en outre d'autres escroqueries, passa en police correctionnelle et fut condamné à 2 ans de prison. Acquitté devant la cour, il fut replacé dans une paroisse des environs de Paris.

Expliquez, si vous pouvez.

Si les églises n'ont pas le respect du passé, le culte du souvenir, qui l'aura?

Les nefs ont six fenêtres : trois au mur sud, trois au mur nord et, comme celles des chapelles, petits vitraux ordinaires, flancs en losange.

_____

(1) Papiers émanant de la fabrique de l'Eglise.

Trois portes : La grande porte d'entrée, à l'occident, précédée de plusieurs larges marches en pierre, mais abritée
d'une détestable marquise, véritable hangar ; la seconde, au
sud, destinée au service du clocher ; la troisième, au nord,
donnant accès au chœur. Cette dernière est une porte particulière, percée, depuis peu, par Mme de Ménibus, et qui ne sert
uniquement qu'aux de Ménibus-de-Witte.

Eux seuls en ont la clef.

Elle permet d'arriver à un banc réservé, tout à côté de l'autel, au mépris des lois canoniques, qui défendent, de la façon
la plus absolue, à tout étranger laïque de s'y tenir pendant les
cérémonies du culte. Cette porte, cette clef, ces places ne sont
dues qu'à la tolérance coupable d'un curé intimidé ou d'un
évêque qui ignore.

Il est hors de doute que si l'autorité religieuse, représen-
tée, à Paris, par le saint ascète, le cardinal-archevêque, connaissait cette usurpation cynique, il la ferait cesser sur l'heure.

A la tête des évêchés, il y a encore des hommes recomman-
dables par leur science, leurs talents et leurs vertus.

Il faut toute la résignation du prêtre officiant de Mesoncelles,
pour supporter que des gens viennent devant le tabernacle,
frôler sa chasuble ou scruter ses moindres mouvements.

Quand il parle, il n'ose étendre le bras, de peur de toucher
la coiffure de la dame de céans ou la cravate de l'invité.

Une église n'est pas une maison de rapport où le locataire
du rez-de-chaussée peut se faire percer une porte pour ne pas
passer devant le concierge.

J'admets encore qu'une église réserve aux descendants de
ses preux, qui l'ont fait bâtir ou l'ont comblée de dons, un
banc — en tout cas pas sous le nez du prêtre — mais, de là à

abattre ses murs pour se faire un passage, il y a loin. Et les
de Ménibus-de-Witte ne sont pas, que je sache, les descendants
des seigneurs de Mesoncelles, pas plus que les bienfaiteurs de
l'abbaye de Saint-Denis, puisqu'ils descendent de l'entrepreneur de boucherie Bayard, l'acheteur des biens des religieux.

Il n'y a pas d'église, en France, traitée avec autant de sans-
gêne.

Malgré toutes ses reconstructions des XVI°, XVII° et XVIII°
siècles, l'église, au milieu du nôtre, menaçait ruine. Les piliers
penchés semblaient vouloir s'écrouler, et le clocher, déjà refait
au XVI° siècle, affaissé et découronné, tombait en ruine.

En 1861, on commença une première restauration, il est
vrai, mais qui la dotait des plafonds qu'on sait, et aussi d'une
annexe donnant dans la chapelle sud, petit bâtiment champêtre
destiné à faire une sacristie, et que les habitants baptisèrent
spirituellement du nom de laiterie ; qui, jusque dans ses pierres
tombales, arrachées au sol et fixées au mur, la souillait de plâtre
et de chaux criarde ; qui remplaçait ses vieux vitraux de Pierre
Raynier, par des verres de couleurs à tant le mètre, et ses
dalles antiques, par des carreaux noirs et blancs les mêmes
que ceux de la salle à manger du Père Bayard.

En 1876, on la continuait en changeant ses anciens bancs
lourds et massifs, où tant d'illustrations étaient venues s'asseoir, pour des bancs en sapin neufs, et en dispersant ses
antiques boiseries. Il ne restait plus que le clocher. Devait-on
le supprimer, comme dans certaines églises pauvres ? devait-
on le relever sur les plans de l'ancien ?

Eh bien, la commune, ne reculant devant aucuns sacrifices,
s'imposa bravement ; l'érection d'un nouveau clocher fut déci-

dée en 1890 et confiée aussitôt à l'architecte qui éleva la jolie église de Villemareuil (1).

Ce jour-là, les habitants de Mesoncelles et leur curé se sont honorés et, maintenant, ce n'est pas sans un juste sentiment de fierté qu'ils voient le passant admirer le beau clocher de leur vieille cité rajeunie, clocher que ne désavoueraient pas les Bénédictins eux-mêmes.

Les cloches, sous l'effort du sonneur, retentissent toujours au loin, tristes ou joyeuses, et son horloge, sauvée pendant la guerre, d'une église de Strasbourg, qui tomba sous les obus, fait encore entendre, claires et distinctes, les heures du temps qui apporte l'espérance (2).

Sur un des piliers, à droite de l'entrée de l'église, rappelant la restauration du clocher, une plaque en fer, que le prêtre a cru devoir pieusement surmonter d'un petit crucifix :

(1) M. Marmottin.
(2) La grosse cloche a eu pour parrain, en 1828, Louis Benoît Bayard, et pour marraine Mⁱⁱ Louise Bayard ; et la petite cloche, même année, a eu pour parrain François Roncin et pour marraine Sophie Carriate, épouse de Guichard, de Chantemerle.

✝

RÉPUBLIQUE FRANÇAISE

Clocher érigé en 1890 sous l'administration de :

M. Patria, Maire ;

MM. Bonnefoy (Alf.), adjoint,
Barian (Edouard),
Buvront (Eugène),
Enguerrand (Alphonse),
Vignier (Lucien),
Plaisant (Edouard),
Bié (Pierre),
Buvront (Victor),
Calinot (Alphonse),
} Conseillers municipaux;

Blondelot (Théodore), curé,
Barba (Gustave), instituteur, secrétaire
de mairie ;

Par MM. Dhorbais frères, entrepreneurs,
M. Marmottin, architecte.

Une belle église, un élégant clocher sont beaucoup pour un pays et ne laissent indifférents aucun de ses enfants, mêmes les moins religieux.

C'est que l'église est l'asile des joies et des larmes ; c'est que le clocher est le point de ralliement dans les jours de paix comme dans les jours de bataille. C'est à lui que le conscrit qui part jette son dernier coup d'œil sur la route poudreuse, c'est à lui qu'il confie sa pensée, aux quatre coins du monde, c'est à lui qu'il adresse, à son retour, le premier sourire.

Le jour de la fête d'inauguration du clocher, une foule énorme se pressait dans l'église. On y remarqua la comtesse de Puységur, née du Bouchage, qui chanta avec talent ; Mme Blancard des Salines, M et Mme Fontaine, Mme Retif, le comte et la comtesse de Moustiers, Mme et Mlles Delmas (de Sancy), la comtesse de Biencourt, Mme Oudot, Mlle de Cazotte, qui, de ses mains, couvrit l'autel de fleurs ; le général du Barail, le vieux compagnon d'armes de Canrobert ; le comte Curial, M. Méric, le comte Siméon, M. et Mme Marotte de la Vendrie, le comte de Maussion, M. de Charnacé (d'Aulnoy), le comte de Lamotte plusieurs officiers de Meaux et le maire, et la mairesse.

M. l'archiprêtre Jarry, de Coulommiers, officia, aidé de MM. Blondelot, curé de Mesoncelles, de M. Durvell, curé de Faremoutiers, et du curé de Guérard, l'abbé Baudoux, âgé de 85 ans.

MESONCELLES-EN-BRIE AUJOURD'HUI

Mesoncelles-en-Brie, créé par les moines, qui eut la visite des savants, des princes et des rois, qui eut l'insigne honneur d'abriter le premier grand philosophe, le premier courageux éducateur de peuples du Moyen-Age, Pierre Abeilard, ne semble pas se douter de toutes ses gloires passées.

Ce n'est plus, aujourd'hui, qu'un joli village allongé et caché dans un pli de terrain, sur un des plateaux les plus élevés de la Brie, à dix lieues de Paris, six kilomètres de la gare de Faremouliers, entre Meaux et Coulommiers.

Il est fait en véritable village d'opéra-comique. Tout y est à sa place.

A l'entrée, en venant de Faremouliers, seul, à droite, le château à l'aspect monacal ; à gauche, l'église, et, à côté, la mairie et la cure ; derrière, une réunion serrée d'habitations, centre du pays, que traverse la grande rue et que prolongent des groupes de maisons disséminées en volées de pigeons.

Sur la hauteur, le cimetière, la salle d'attente du ciel, et, en face, au bord d'une luzerne, à l'angle de quatre chemins, une croix de bois vermoulu marquant une tombe, celle d'un désespéré de la vie, d'un pendu. Serré entre ses dents, on trouva ce petit billet, avec ces mots :

« Dans mon armoire, on prendra cent sous pour celui qui me « charira » dans mon champ où je veux être enterré. »

Le territoire a 1,356 hectares.

C'est un des grands de Seine-et-Marne.

Il est borné au nord par les communes de Sancy, Pierre-Levée et la Haute-Meson ; au sud, par Pommeuse-Faremou-moutiers, Guérard ; à l'ouest, par la Chapelle-sur-Crécy ; à l'est, par Giremoutiers et Voisins.

Si son territoire est resté grand, sa population n'a guère cessé de diminuer :

En 1771, 85 feux.

En 1827, 510 habitants.

En 1836, 506 habitants.

En 1857, 450 habitants.

En 1861, 461 habitants.

Aujourd'hui, 400 habitants au plus. Pourquoi ?

C'est que Paris est proche et qu'il attire surtout les jeunes pour en faire souvent des malheureux ou leur enlever l'honnê-teté gardée jusque-là au foyer de la famille.

Autrefois, on disait que si les ouvriers désertaient les pays de grandes cultures, comme Mesoncelles, c'était parce qu'ils n'y trouvaient pas d'industries à exercer, qu'ils n'avaient devant eux que les travaux des champs qui ne pouvaient occu-per tout le monde.

Or, depuis la vente par morcellement de plusieurs grandes fermes, les terres n'ont pas trouvé de nouveaux bras.

Ces grandes fermes demandaient de nombreux personnels qui n'y sont plus, et elles sont obligées, plus que jamais, de faire appel aux étrangers, aux Belges principalement, et voilà tout.

Cette diminution de populations est triste et peu rassu-rante.

Et encore, si elle se fait sentir dans les endroits les plus riches de France, qu'est-elle ailleurs ?

C'est à qui se dérobera au travail de la bêche et de la charrue, à qui sollicitera une place de cantonnier, de garde, d'employé de chemin de fer. Ils croient, les aveugles, que ces places
sont semées sur les chemins comme ils sèment le grain.

Si l'homme du pays réfléchissait, il verrait qu'à moins de
rester sous le drapeau, il n'existe pas de métier plus beau,
plus libre, plus indépendant, plus sain et plus sûr que le
métier de cultivateur.

Il est resté noble.

La Bretagne, où tous les hommes sont braves, toutes les
femmes vaillantes, où il n'est pas rare de rencontrer un prêtre
qui donne tout ce qu'il a, a vu longtemps ses gentilshommes
cultiver eux-mêmes et de leurs mains leurs terres.

La Bretagne, ah ! la Bretagne !

Si la France était une femme, a dit Henri Martin, et qu'on
dût la frapper au cœur, c'est en Bretagne qu'il faudrait enfon-
cer le poignard.

Qui cultive le sol, sert la Patrie !

Les courageux, les intelligents, les sobres n'ont-ils pas toujours réussi ?

Le jour n'est peut-être pas éloigné où nous verrons les villes se rejeter dans les campagnes, comme depuis longtemps
nous voyons les campagnes se jeter dans les villes.

Et, du reste, ceux qui ont déserté le pays n'y reviennent-ils
pas, le plus souvent ?

Le parisien n'a-t-il pas qu'un désir ? Se retirer à la... campagne.

Quand la machine financière, chauffée à blanc, qui craque
déjà de tant de côtés, en Europe, aura fait explosion, il n'y
aura plus que la terre de vrai.

Un pied de terre fait une botte de carottes ; un litre de blé, une bouteille de vin ; un billet de 100 fr. n'a jamais fait les cent sous ou les trois francs que le banquier vous verse au bout de l'année.

Ces cent sous ou ces trois francs ne sont que le résultat de combinaisons ne reposant que sur des conventions fragiles et vaines.

Je sais toutes les réponses qu'on peut me faire, mais ces réponses ne prouveront qu'une fois de plus que je suis dans la vérité.

Déroulède, l'auteur des « Chants du Soldat », vient de faire paraître ses « Chants du Paysan ».

Je ne résiste pas au plaisir de citer cette ronde :

RONDE

Danse autour du cep, vieux soleil de Gaule !
Donne à chaque pied, mets dans chaque grain
Tout ce qui sourit, tout ce qui console,
Et que le sanglot s'achève en refrain.
Danse autour du cep, vieux soleil de Gaule !

Danse autour du blé, soleil de chez nous !
Donne à chaque épi, mets dans chaque gerbe
Toute la santé nécessaire à tous.
Rends la mère heureuse et l'enfant superbe.
Danse autour du blé, soleil de chez nous !

Danse autour des fronts, soleil de la France !
Fais luire à nos yeux longtemps obscurcis
Un rayon de gloire, un feu d'espérance ;
Mets ton nimbe d'or sur nos noirs soucis.
Danse autour des fronts, soleil de la France !

Danse autour des cœurs, soleil du bon Dieu !
Verse dans chaque homme, inspire à chaque être,

L'immense besoin de s'aider un peu.
Car vivre pour soi mieux vaut ne pas naître !
Danse autour des cœurs, soleil du bon Dieu !

Paul DÉROULÈDE.

Maisoncelles est à l'état de commune, depuis la loi de 1790, et appartient à l'arrondissement de Coulommiers, riche petite ville, pleine de ressources, et dont la devise est bien celle du Briard :

DEVISE

Prudentes ut serpentes, simplices ut columbæ,
Prudent comme le serpent, simple comme la colombe.

Armes parlantes : un colombier d'où s'échappent des colombes et devant lequel se dressent deux serpents, les queues nouées ensemble.

Toujours, du diocèse de Meaux, qui a eu l'honneur d'avoir pour évêque Bossuet, l'aigle de Meaux.

En 1848, Mesoncelles, vieille moinerie, pensa qu'elle avait un rôle à jouer sur les barricades.

Plusieurs emballés, sous la conduite de la plus forte tête du pays, partirent pour Paris, armés de fusils, de faulx, de fourches, de bâtons, passèrent par Meaux et Lagny, station d'Héloïse et de Jeanne d'Arc, et arrivèrent jusqu'à la capitale. Qu'y firent-ils ? Peu, car le lendemain, ils étaient tous rentrés.

Leur campagne était finie.

La commune qui avait perdu beaucoup de ses enfants dans les guerres du Premier Empire, en Crimée, en Italie, eut le bonheur de ne pas perdre un homme en 1870.

12.

Par contre, les paroisses environnantes et particulièrement la Haute-Meson eurent à pleurer beaucoup des leurs.

Le village, comme partout, subit les charges ordinaires de logements, réquisitions, contributions, mais ne soutint aucun combat.

Au croisement des routes de Coulommiers, Meaux, Sameron, en plein passage de l'armée ennemie, la commune n'eut qu'à voir les régiments allemands la traverser ou faire halte chez elle.

Son adjoint d'alors, Antoine Abit, accomplit fort bien sa tâche difficile, dans ces jours sinistres : le maire avait fui.

C'était le moment de se montrer, il se cachait.

Mesoncelles a quelques hameaux, dont certains assez éloignés, mais il appelle volontiers hameaux des groupes de maisons qui touchent à lui et qui ne sont que ses quartiers, comme par exemple Meroger, Montbenard, Chantemerle, le petit Candi, le Chemin, Cerqueux, la Borde.

Les hameaux éloignés sont plutôt de grandes fermes, comme on n'en trouve qu'en Brie, et tenues par des agriculteurs de premier ordre.

C'est d'abord sur la route de Crecy, Roize ou Roëze, petit château, bois et deux grandes fermes : la première, exploitée par M. Bié ; la seconde, par M. Profit.

Le tout fait une chasse magnifique, sous la garde d'hommes actifs, les nommés Renault et Josselin.

Roize appartient à un riche industriel, grand chasseur, M. Fontaine, dont la femme, à la tête de toutes les œuvres de bienfaisance, est partout connue des pauvres.

Puis, sur la route de Meaux, Montgodefroy, de noble mémoire et qui a su garder son large colombier.

Plus tard, halte de la poste aux chevaux. Un incendie l'attaqua, il y a quatre ans, mais fut bientôt maîtrisé.

M. Lucien Vignier fait valoir Montgodefroy, propriété, avec Mauperthuis, de M. Jubin.

Au sud, La Motte, immense ferme, mais qui tombe, à cette heure, sous la pioche du terrassier, et plus loin, près de Saint-Blandin et du carrefour de la Maladrerie, le Pré-aux-Rats, autre grande ferme exploitée par M. Vignier, parent du précédent.

C'est à Saint-Blandin que passait la voie gallo-romaine, Boulogne, Sens, etc.

Enfin, à l'ouest, sur la route de Coulommiers, Morillas, rendez-vous de chasse de M. Chartier, ami généreux du pays.

La Grande-Loge et la Petite-Loge, ces magnifiques établissements agricoles qui ont abrité les fondateurs de Mesoncelles jusqu'à la Révolution, quinze siècles sans changer de mains, font partie de communes voisines.

La Grande-Loge, qui appartient à M. Gastellier, ancien député, a vu, il y a une quarantaine d'années, les flammes dévorer plusieurs travées de ses granges et moins heureuse que Montgodefroy, elle perdit son beau colombier carré.

La Petite-Loge, propriété de M. Pagnier, a pour fermier un des plus notables agriculteurs de l'arrondissement, M. Michon.

Peu de maisons bourgeoises à Mesoncelles. Deux cependant frappent la vue : une grande, élevée sur l'emplacement de la maison Guichard, appelée aujourd'hui le château de Chantemerle, lourde construction normande solidement établie, à l'extrémité du village sur la route de Crécy.

A distance, on dirait d'un côté une sucrerie, de l'autre, une maison d'arrêt. C'est une gare toute faite pour un futur chemin de fer.

La petite, mieux placée sur le flanc droit est un élégant cottage des environs de Paris que s'est fait construire l'ancien valet de chambre d'Adolphe Bayard, avec les libéralités de son maître.

Le pays ne se connaît pas de mauvaises terres. Chercher un mauvais champ en Brie est aussi difficile que d'en trouver un bon en Champagne ou en Sologne. Mesoncelles récolte tout ce qu'un sol gras, riche et fécond peut donner : beaux blés, belles avoines, beaux fourrages, belles prairies, beaux légumes, mais son industrie principale est le fromage de Brie.

Presque tous les cultivateurs, petits ou grands, ont quitté le mouton.

La terre excellente n'a guère besoin de son engrais et son entretien n'est pas en rapport avec les frais qu'il occasionne. Les vaches lui ont été préférées, les vaches qui font les fromages si renommés et si chers.

On n'y trouve pas de beurre à acheter, tout le laitage étant employé aux fromages. Il est curieux de voir des marchands passer régulièrement dans ce pays d'agriculture par excellence pour y vendre du beurre.

Les marchés sont : Coulommiers, le mercredi, Meaux, le samedi et aussi Crécy, le jeudi.

A Mesoncelles, il n'y a pas de pauvres pour ainsi dire. Tous les habitants possèdent et se suffisent. Ce qui ne les empêche pas de se plaindre « ce qui est comme le rire le propre de l'homme ».

Les principaux cultivateurs sont MM. Bié, Profit, Vignier (de Montgodefroy), Vignier (du Pré-aux-Rats), Marel, de la ferme de Montbenard à M. Chartier, Charpentier, d'une autre ferme de Montbenard à M. Colleau, octogénaire plein de bonté, Barian, les frères Buvront, les frères Thellier, Soyer, E. Plaisant, Enfruit, Calinot, Gallois, Chanoinat.

Les principaux corps de métiers sont tenus par MM. Bourdon, entrepreneur de maçonnerie, Lemaire et Béclu, menuisiers, Claisse et Derimais, charrons, Clayette et Fleuriot, maréchaux-ferrants, Griffaut et Couté, boulangers, Brésillon et Houbé, épiciers, Champin, boucher.

Les aubergistes sont Lemaire, à l'enseigne de saint Grégoire, Cazannois, Chambault.

La nouvelle subdivision de pompiers réorganisée avec soin sur la proposition du conseiller municipal Brunet, se compose ainsi :

Bourdon, lieutenant honoraire.

Claisse, lieutenant-commandant, ancien maréchal des logis d'artillerie.

Réal, sergent-fourrier.

Fleuriot, caporal porte-étendard.

Lecoq, caporal.

Th. Cazannois, tambour.

Olivier Isambert, clairon.

Desjardins, sapeur.

Chambault, sapeur.

Louit, sapeur.

Josselin, sapeur.

Gaudin, sapeur.

Tuffin, sapeur.

V. Buvront, sapeur.

L. Calinot, sapeur.

Romain, sapeur.

Tous anciens soldats bien commandés et ayant bonne tenue.

Le lieutenant Bourdon a dû quitter son commandement après 39 ans de service. Il ne lui manquait qu'une année pour atteindre la fin de son temps, ses 40 ans, quand le maire, de Witte, lui demanda sa démission. Mais le vieil officier ne voulut jamais la donner. Il avait conscience de ses droits, consacrés par plus d'un sauvetage, entr'autres celui d'un de ses hommes qu'il alla chercher presque sans vie sous la fumée asphyxiante et mortelle dans l'incendie des bergeries de Roize.

Son remplaçant, par délicatesse, ne prit officiellement le commandement de la subdivision qu'après que son ancien eut atteint sa quarantième année de service.

Le conseil municipal est ainsi composé :

MM. De Witte, maire.
    Barian, adjoint.
    Calinot.
    Buvront aîné.
    Buvront jeune.
    Brunet.
    Profit.
    Georget.

Le garde-champêtre, vieux serviteur de la commune, qui touche à son siècle, se nomme Bouchet et le facteur diligent et actif, Ch. Pottier. Les cantonniers s'appellent Desjardins, Louit, Thellier.

On se demande pourquoi des gens comme MM. Fontaine, Bié, les deux Vigner ne font pas partie du conseil.

C'est bien simple, blessés, tourmentés par le maire, ils ont remercié.

M. L. Vignier, nommé malgré lui, premier conseiller sur la liste et ensuite maire, donna sa démission.

L'abstention de ces habitants est regrettable (1).

La maison d'école est occupée depuis peu par M. l'instituteur Martin.

Pourra-t-il se renfermer exclusivement dans l'accomplissement des devoirs de l'enseignement ?

L'avenir le dira.

Il y a quelques mois à peine, son prédécesseur était encore M. Barba, depuis 14 ans dans la commune, mais le maire lui rendit la vie si dure qu'il demanda et obtint son changement.

Il fallait une tête de turc, devant l'autorité, à ce magistrat d'occasion. Quand il commettait une maladresse, il disait que son adjoint était un ignorant, comme si l'adjoint ne connaissait pas mieux que lui la commune. Quand les journaux (2) lui reprochèrent d'avoir été le seul maire du département à ne pas hisser le drapeau de la France pendant les fêtes russes, il prétendit qu'il avait obéi à son conseil municipal.

Ce maire peu intelligent, incapable de rédiger les délibérations de son conseil en bon français, autoritaire, plus religieux que chrétien, conseiller municipal le dernier de la liste, maire (à une voix) grâce à la démission de M. Vignier, à la campagne faite par le curé et aux complaisances de l'adjoint, s'appelle, nous l'avons vu, le baron de Witte.

Aucun lien de parenté avec les Cornélis de Witt-Guizot. Le nom du reste ne s'écrit pas de même.

(1) *Le Briard de Seine-et-Marne.*
(2) *Démocrate de Seine-et-Marne*, 15 nov. 1893.

Au lendemain de sa nomination, il écrivit que bien que naturalisé (1), il était le meilleur des patriotes et en donnait pour preuve le don de vieilles médailles que fit aux Beaux-Arts, son père, remarquable collectionneur de Belgique.

Mais nous autres, monsieur, ce ne sont pas des vieux sous que nous donnons à notre pays, c'est du sang.

On pourrait s'étendre plus longtemps sur ce politique de village. Je ne citerai qu'un de ses derniers actes :

Une habitante de Mesoncelles, la veuve d'un maréchal des logis de gendarmerie, incorporé dans l'artillerie, en 1870, et tué à l'ennemi, sous les murs de Paris, à la tête de sa batterie, touchait, depuis des années, du ministère de la guerre, un modeste secours, bien inférieur à la pension qui lui était due.

Restée après le siège, seule avec un enfant, abîmée dans la douleur, elle ne pensa pas, dans les délais voulus, à faire régulariser sa pension. Mais les ministres, depuis plus de vingt ans, tenaient à cœur de montrer qu'ils n'oubliaient pas le sang versé pour la Patrie, et l'avaient inscrite d'office pour une somme très faible, très insuffisante, mais la seule dont ils pouvaient disposer.

Cette femme l'acceptait comme un honneur ; c'était sa gloire à elle d'aller toucher l'argent du vieux soldat mort au feu, et, quand le maréchal-des-logis de gendarmerie de Coulommiers lui apportait le petit bon de l'Etat, une grosse larme roulait sous ses paupières, elle voyait en lui l'image du mari et du père tombé sous le drapeau.

Eh bien, le naturalisé de Witte, de Wommelghem, l'a fait

(1) *Réveil de Coulommiers*, nov. 1893.

secrètement rayer, rue Saint-Dominique, prétendant que la
fille, propriétaire, la mère était riche, comme si un maire ne
devrait pas se féliciter de trouver encore des gens pour acheter
des terres. Mais voilà, ces terres, lui, il les voulait.

Heureusement que le ministre de la guerre, indigné, a remplacé le don blessant par le paiement de la dette.

La pension, due depuis 1871, sera payée désormais à la
veuve du Français.

Composée presque exclusivement de cultivateurs laborieux,
aisés et riches, la population pourrait vivre en paix.

Il n'en est rien, depuis quelques années. La jalousie envieuse,
la délation louche ont trouvé place dans le cœur de certains
habitants, jadis inaccessible à tout ce qui n'était pas honnête
et droit.

La chasse, particulièrement, attise les haines. Il y en a qui
tireraient, sur leur père, sous la peau d'un chevreuil.

Ils ont un permis, un fusil, tout est à eux. Ils sont les maîtres. Ils tueraient vos poules dans votre basse-cour, s'ils
osaient.

Ils parlent des seigneurs d'autrefois et ils sont autrement
tyranniques qu'eux. Les seigneurs avaient aussi des charges.

Peuple, si jamais tu tombes au pouvoir de ces gaillards-là,
tu en verras de belles !

Sous la blouse du braconnier, il y a toujours un malfaiteur
et le malfaiteur est doublé d'un sot : il croit travailler à son
profit, il ne travaille qu'à sa perte.

Je ne dirai pas de Mesoncelles ce qu'on dit d'un petit pays
du Berry, appelé Néronde :

Néronde,
Bon pays,
Scheti monde.

Non certes, non, mille fois non, car si on extirpait de la commune deux ou trois alcooliques braillards, deux ou trois hypocrites prêts à toutes les vilenies, tout rentrerait dans le calme.

Quelle est la cause de ce manque de fraternité ? — En grande partie de son maire, qui a soufflé le vent du nord.

Oh ! c'est partout ainsi, dira-t-on, d'accord, mais plus ou moins.

Heureusement que le vieux sang des Gaules coule dans les veines des Mesoncellois, si celui de leur chef n'en est pas.

Intelligents amis du progrès, ils ne voudront pas que leur commune, sans cesse agitée, divise plus longtemps la grande famille qu'elle doit être. Ils ne voudront pas plus de maîtres que de politiciens remontés ou à gages, venant débiter dans les rues et les cabarets l'illusion grossière ; génération nouvelle élevée dans les écoles, qui, malgré le dévouement de l'instituteur, ne peuvent lui donner que la demie instruction qui lui fait quitter la blouse pour la redingote, et la jette dans la grande ville, où elle crève de faim.

Elle est convaincue qu'avant elle la France n'était peuplée que d'imbéciles.

C'est pitié d'entendre ces jeunes, qui savent à peu près lire, écrire et compter, avec un peu d'histoire dont ils ne se rappellent que les droits du seigneur ou les dixmes, — impôts moins lourds assurément que ceux de nos jours, — mépriser l'ignorance et la crédulité de leurs grands parents, comme si les jeunes valaient mieux ou faisaient mieux que les vieux.

Et ce qu'il y a d'écœurant, c'est de voir ces vieux écouter, boire les paroles de leurs enfants à qui ils ont donné, en se privant, une instruction qui ne sert qu'à les empêcher de travailler sérieusement, à leur faire dire des monstruosités ou à leur faire confectionner les bombes à mèche ou à renversement.

Quand l'un d'eux a dit : mon droit, il semble avoir tout dit.

Ton droit ? — Ton droit ? — Mais c'est celui de manquer de tout, si la société bourgeoise et repue ne te donne pas de travail ou si tu ne veux pas en trouver.

Les bons, les intelligents parlent moins de leurs droits et plus de leurs devoirs.

Je ne suis ni un anarchiste ni un retardataire, je suis un épris de justice, haïssant l'injustice, comme tous ceux qui en ont souffert, mais je ne puis m'empêcher de trouver, fort à propos, la réponse de M. Fontaine, qui travailla avant d'être millionnaire, et qu'on venait quêter pour l'achat de nouveaux livres d'école :

« Des livres de science, dit-il, mais les enfants en ont de trop.

Je donnerais bien mille francs pour construire un établissement où on leur apprendrait à faire les fromages de Brie, mais je ne donnerai pas un sou pour ajouter un livre à la pile de ceux qu'ils ne peuvent déjà plus porter. »

Les Mesoncellois ne sont pas religieux, mais ne sont pas athées.

Le curé a renoncé à attirer à l'église ses paroissiens qui n'y entrent guère que pour baptiser et marier leurs enfants, pour enterrer les parents ou les camarades.

D'un bout de l'année à l'autre, le dimanche, il y a le curé, le bedeau, quatre ou cinq femmes qui pleurent un des leurs, autant de jeunes filles, et c'est tout.

Rien n'est triste comme une église vide, le dimanche.

Le travail, les champs, l'indifférence en sont les principales causes.

On dirait, ici, que l'homme qui a souvent la tête baissée vers la terre, n'éprouve pas le besoin de la lever vers le ciel.

Millet, avant de faire son *Angelus*, n'a certainement jamais été en Brie.

En 1583, Mesoncelles fit partie des processions Blanches, instituées par Henri III.

Il envoya une délégation de pèlerins à la basilique de Saint-Denis qui en reçut, ce jour-là, 7,000 vêtus de sacs de toile blanche.

Les villages arrivaient en masse, souvent leur curé en tête, sous la bannière patronale.

Ces temps de ferveur et d'enthousiasme sont loin !

Certes, il faut laisser les gens libres, comme il faut laisser libre le curé dans son église, l'instituteur dans son école, le maire dans sa mairie. Mais il est intéressant de remarquer que c'est dans les pays, autrefois les plus religieux, les pays de congrégations, de monastères et d'abbayes, où la foi est la moins vive.

Saint-Denis n'en est-il pas la preuve absolue ?

Pour le bien de la religion, je suis de ceux qui ne voudraient plus voir de curés habiter dans les villages.

Tous seraient réunis au chef-lieu de canton, dans une grande habitation, sorte de cercle religieux ou de monastère moderne, où ils trouveraient tout ce dont ils auraient besoin, tout ce qu'ils pourraient désirer pour le corps et l'esprit ; grande aisance, grand parc, grande bibliothèque, grande liberté.

Le dimanche et les jours fériés, chaque curé viendrait dans sa paroisse dire la messe et les vêpres, recevoir et écouter, de telle heure à telle heure, les visiteurs dans la sacristie ou dans tout autre local, réservé et fourni par la commune, puis il reprendrait le chemin de son phalanstère.

A son arrivée, comme à son départ, il ferait la charité. Quand on aurait besoin de lui, dans la semaine, pour un moribond, un baptême, un mariage, un enterrement, une cause quelconque, on le préviendrait et il accourrait.

Un service organisé de chevaux et de voitures, à la maison même, se tiendrait toujours à sa disposition pour le transporter à la paroisse qui le demande.

De cette façon, plus de ménage étalant les mille misères materielles et morales de la vie quotidienne, plus de voisnage scabreux, plus de contact pénible, plus de bava:dages, plus de préférences, plus d'insultes, plus d'entente ou de dissentiment avec le maire, l'instituteur, l'adjoint ou les conseillers municipaux, plus de politique.

On ne verrait le curé que dans l'auréole de son ministère, là où ses ennemis mêmes lui doivent le respect.

On le verrait comme on voit son médecin, son avocat, son conseil.

Cette question a été et est encore agitée à Rome.

Les curés eux-mêmes seraient plus heureux. Au lieu de manquer de tout avec leurs 900 fr. (je parle de ceux qui n'ont que leurs 900 fr.), ils deviendraient presque riches, vivant en commun avec leurs appointements, et recevant certainement plus de dons. Et puis ils pourraient travailler.

N'est-ce pas cette vie qui a fait la supériorité du moine sur le curé.

Quant à l'habitation, le chef-lieu de canton ne demandera qu'à la leur fournir ; elle sera pour lui une source de richesse.

Je sais bien que cette existence n'irait pas à certains d'entre eux, mais ceux-là ne sont pas les meilleurs. En tous cas, ils sauraient à quoi s'en tenir en entrant dans les ordres. Il y aurait moins de paysans trempés dans l'encre. Je vois aussi la désolation de beaucoup de vieilles ou jeunes châtelaines, qui n'auraient plus, trois fois par semaine, leur curé à dîner ; mais leurs grincements de dents me laisseraient froid.

Le curé n'est pas fait seulement pour le château, il est fait surtout pour le pauvre. Le Christ allait aux mendiants avant d'aller aux riches.

Le prêtre ne doit sortir de son église que pour donner, donner encore, toujours donner, secourir, consoler celui qui cherche là-haut la justice et l'espérance, ou pour se défendre.

A toi les rêves d'or, o sublime espérance !

. . . .

Prends ton vol du bonheur, céleste messagère,
Revêts ton long manteau d'azur et de lumière
Pour abriter le malheureux.
Va partout où l'on prie et partout où l'on pleure
Dans le palais du riche, en la pauvre demeure
Porter un sourire des cieux.

Sa tâche est alors la plus belle.

Depuis longtemps, la commune est administrée par un conseil municipal composé certainement de très honnêtes gens, mais qui croient avoir accompli tout leur devoir d'édiles, quand ils ont fait acte de présence à la mairie, approuvé les impôts écrasants que certains répartiteurs établissent selon la figure des contribuables, et signé les comptes de la commune.

D'initiative pour mieux entretenir les chemins, pour en créer de nouveaux, pour attirer le voyageur, le voisin des villes, pour augmenter le commerce, pour embellir, point. Certainement, si nous remontons à Adam, il a été fait beaucoup, mais ce beaucoup n'est pas assez.

Jetons les yeux sur les autres communes qui n'ont pas le passé de Mesoncelles, ni son étendue, ni sa situation, ni sa richesse, et nous verrons que la nôtre est en retard.

La plupart de ses maires ont été nuls, et trop n'ont fait que ce qui pouvait leur être agréable, comme les Burgraff, les Bayard, les Ménibus, les de Witte. Burgraff et Adolphe Bayard ont passé leur vie à faire redresser les routes qui les coupaient, à faire des échanges ou à planter des arbres rares chez eux. Et ce sont eux, peut-être, qui ont le plus fait.

M. de Ménibus n'arriva à rien. Quand, il y a une dizaine d'années, l'Etat proposa de faire toutes les routes que lui désignerait le Conseil municipal, moitié à ses frais, moitié aux frais de la commune, — et encore ces derniers frais attribués à la commune pouvaient-ils être payés par le département, — le général timide hésita et, finalement refusa. Ce n'est pas demain que pareille occasion se représentera.

Et tandis que la Haute-Maison, commune bien moins importante que Mesoncelles, a toutes ses routes faites et bien entretenues, Mesoncelles en a peu et de mauvaises. C'est que le maire de la Haute-Maison, M. Retif, ancien magistrat, était un maire intelligent, qui profita des ouvertures qui lui étaient faites.

Quant à M. de Witte, il ne sut que faire refaire sa route qui passe devant chez lui, et qu'il effondra pendant trois ans avec ses constructions. Les habitants la paient avec les contribu-

tions du « château de Chantemerle » qui, comme bâtiment
neuf, n'a rien à réclamer à son propriétaire pendant trois ans.
Ses contributions sont réparties sur la commune. Il y a une
route qu'une commune riche comme Mesoncelles doit faire au
plus vite. C'est le tronçon partant de la route de Coulommiers
au sortir de Morillas, allant directement à Mesoncelles, Crécy,
Villiers-sur-Morin, Couilly, Saint-Germain, Esbly.

Voitures et piétons, pour aller de Coulommiers à Crécy ou
de Coulommiers à Meaux, passent de chaque côté de Mesoncelles, par Saint-Blandin et par Laborde, et non par Mesoncelles, le plus court.

Ils le tournent, allongeant leur chemin, sans le traverser.
Le jour où cette route simple et peu coûteuse sera faite, Mesoncelles reprendra forcément de l'importance. Il est peu de voyageurs qui ne s'arrêteront à Mesoncelles, et ce ne sont pas les
auberges seules, qu'on le comprenne bien, qui profiteront de
leur passage. C'est tout le monde, c'est la valeur du sol, c'est
le pays.

Un pays ne vaut guère que parce qu'il est visité.

Et puis, pour les habitants de Mesoncelles, quel temps de
gagné, pour aller à Coulommiers, qui est leur ville naturelle !

Il y a aussi les routes qui passent au « Chemin » et celles
du haut du pays, qui devraient bien être refaites.

Ces besoins de Mesoncelles sont très connus du conducteur
des Ponts-et-Chaussées, dont le savoir s'exerce depuis longtemps dans le canton, et son appui est assuré à une cause
juste et ne demandant que peu d'argent.

Plus un État dépense, plus il est riche, disait M. de Calonne.
Cette théorie dangereuse pour une nation, fatale pour un
particulier, n'est pas trompeuse pour une commune.

Ce n'est pas tout.

Autrefois Mesoncelles aurait pu avoir le chemin de fer plus près de lui. Il n'a rien fait pour l'avoir.

Voilà qu'une occasion de réparer l'insouciance de ses administrateurs d'alors se présente. On fait la ligne d'Esbly à Crécy.

Pourquoi la commune de Mesoncelles et les communes environnantes ne s'entendraient-elles pas entre elles et, en fournissant une forte somme, augmentée de nombreuses souscriptions qui afflueraient, n'obtiendraient-elles pas de la Compagnie de l'Est que cette ligne d'Esbly à Crécy vint rejoindre la ligne de Coulommiers, le plus près possible d'elles.

Les Compagnies de chemins de fer se sont toujours prêtées aux vœux justifiés des populations, quand ces populations prennent part à leurs dépenses.

Ce n'est pas là une utopie.

Que des gens compétents et actifs s'emparent de l'idée, et ils sauront la mettre à exécution, le moment venu.

Alors Mesoncelles deviendra une petite ville.

Voyez la prospérité depuis si peu d'années de Marles-Fontenay, de La Houssaye-Crévecœur, d'Esbly, de Villiers-sur-Morin, pour ne citer que ces petits villages devenus des centres importants.

Mais la prière la plus chaude que j'ose adresser à Mesoncelles c'est d'élever une statue si petite qu'elle soit, une colonne, un médaillon au grand professeur qui vint enseigner sur son territoire, suivi du monde des sciences et des lettres de son temps, de tout un peuple, au grand penseur qui écrivit dans

13.

ses murs son chef-d'œuvre : l'*Introduction à la Théologie*, et qu'il ne quitta que pour entendre son livre condamné aux flammes et se voir jeté en prison.

Que de cités voudraient avoir été Mesoncelles !

Dix communes sur les 36 mille de la France n'ont pas une gloire pareille à fournir.

Si Mesoncelles eût été pauvre, sûrement il aurait eu besoin d'évoquer son passé.

Son Abeilard eût été son Guillaume-Tell Et n'est-ce pas Guillaume-Tell qui commença la richesse de la pauvre Suisse, le plus beau pays, le plus visité du monde ?

Avec quelle pompe le marbre d'Abeilard serait inauguré, sur la place, en face l'église, qu'il éclaira, qu'il défendit et qui le persécuta.

Sur le socle, ces mots gravés :

MESONCELLES-EN-BRIE

A

PIERRE ABEILARD

Fondateur de la liberté de la plume et de la parole en France

1083 — 1143

Le jour de l'inauguration, l'Europe entière aura les yeux sur votre petit coin de terre, Mesoncellois ; vos cœurs battront à l'unisson des cœurs de tous ceux qui travaillent, qui ont le courage d'écrire et de parler, de tous ceux qui ont aimé, qui ont souffert et qui se nomment l'humanité.

Et puis votre statue sera la première élevée au grand savant. Nous aurons donné une leçon à plus haut que nous.

« Quand on pense, s'écriait Jules Simon, dans une de ces dernières leçons, quand on pense que mon maître n'a de statue nulle part, pas même dans notre Bretagne, au Pallet ou à Saint-Gildas ! »

Si la millième partie de ceux qui, au Père-Lachaise, le jour des morts, couvrent de fleurs le tombeau d'Héloïse et d'Abeilard vient saluer, dans l'année, votre marbre pieux, Mesoncelles, pèlerinage de la pensée, devra agrandir son enceinte.

Pensez-y et vos petits-fils seront fiers de vous, comme vous pouvez être fiers de vos anciens.

FIN

Arcis-sur-Aube. — Typ. Frémont

www.ingramcontent.com/pod-product-compliance
Lightning Source LLC
Chambersburg PA
CBHW070355090426
42733CB00009B/1427